KB203402

자유의 언덕

般若心經

耕山 張應哲 譯解

DongNam
동남풍Pulllllg

자유의
언덕

자유의 언덕

인　쇄　원기 99년(2014) 02월 25일
발　행　원기 99년(2014) 03월 03일

저　자　장응철
펴낸곳　도서출판 동남풍
펴낸이　김영식

등록번호　제99호(1991. 5. 18)
주　소　전북 익산시 신용동 344-2
전　화　063)854-0784

값 **10,000**원

자유의 언덕

제 2장 반야의 서품 (觀自在菩薩~度一切苦厄)

제5장 반야의 수행품 (故菩提薩埵~得阿耨多羅三藐三菩提)

제6장 반야의 주문품 (故知般若波羅蜜多 ～ 波羅僧揭諦 菩提薩婆訶)

강의를 시작하며

마음을 비우면

교재의 첫 장은 아무것도 쓰지 않은 백지입니다. 아무것도 쓰여 있지 않은 이 텅 빈 자리를 보시죠. 더럽혀지지 않은 백지처럼 마음을 텅 비웠으면 그것이 바로 반야입니다.

선악간 마음이 일어나기 전의 마음이 있습니다. 세상 사람들은 착한 마음을 권장합니다. 불가(佛家)에서도 선심(善心)을 권장합니다. 그러나 속 깊은 마음공부를 하는 사람, 반야심경공부를 하는 사람은 악한 마음, 선한 마음이 생기기 이전의 참 마음을 탐구해야 합니다.

지금 이 책을 읽으면서도 이런 저런 생각이 일어날 것입니다. 모든 마음을 일으키지 말고 잠깐 쉬어 봅시다. 그러면 그 가운데 천지만물 허공법계와 삼세의 부처가 다 있습니다. 하지만 여기에도 집착하지 말아야 합니다.

이 반야심경은 제목까지 268자입니다. 이 적은 수의 글자로 구성되어 있는 반야심경이 불법(佛法)의 정수입니다. 인삼 농축액에는 인삼의 모든 것이 추출되어 있습니다. 반야심경은 부처님의 팔만 사천가지 법문을 전부 농축시켜 뭉쳐 놓은 것이라 할 수 있습니다.

반야심경은 부처님께서 제자들을 훈련시켜서 그들의 안목이 상당히 열렸을 때에 가르치신 법문입니다. 당시 반야와 관련하여 설하신 경전이 600여권이 되었는데 이것을 268자로 함축해 놓은 것이 이 반야심경입니다.

반야심경은 불교 교리를 비교적 체계적으로 설명한 경입니다. 반야심경은 부처님의 사상에 정통한 관자재보살이 사리불이라는 제자와의 담론 형식을 통해 부처님의 가르침을 교리적 입장에서 정리하여 설법하신 것입니다.

가장 많이 독송하는 경(經)

반야심경은 어느 국가의 불교나 종파를 막론하고 가장 많이 수지 독송하는 경입니다. 원불교에서도 소태산 대종사님께서 불법에 연원을 대셨기 때문에 반야심경을 조석으로 외웁니다. 원불교에서는 반야심경을 금강경 등과 함께 불조요경(佛祖要經)으로 편찬하여 모든 교도가 마음 깊이 공부하도록 하고 있습니다.

또한 반야심경으로 인해 많은 고승석덕이 나왔습니다. 많은 고승석덕들이 반야심경을 표준해서 큰 성자가 되시고 법 높으신 도인도 되신 것입니다. 또한 우리 범부중생도 반야심경을 외우고 반야심경에 표준해서 공부하여 업력(業力)을 녹이고 선업을 쌓아갑니다.

반야심경은 부처님께서 공부인들에게 가장 간명하게 표준을 일러 주시어 불지(佛地)에 이르게 한 경이라 할 수 있습니다.

업력을 청소하겠다는 발원을

지금까지 반야심경에 대한 소개를 해 드렸습니다. 이제 우리가 이 경전을 배우면서 이렇게 하면 좋겠다는 말씀을 드리겠습니다.

지금 여러분들의 얼굴을 보면 전부 다른 모습입니다. 이처럼 저마다 생김새가 다르고 성격 또한 다를 것이며, 누리고 있는 복락도 다 다를 것입니다. 똑 같은 사람은 세상에 없습니다. 설령 비슷한 얼굴을 가졌다 해도 성격이 다르고, 성격이 같다 하더라도 업력이 다 다릅니다.

우리에게는 전생에 알고도 짓고 모르고도 지은 업력들이 많이 있습니다. 보이지는 않지만 진리계(眞理界)에는 우리가 받아야 할 업의 문서 같은 것이 있을 것입니다. 다만 중생이 깨닫지 못해서 스스로 모르고 있을 뿐입니다. 그래서 이 반야심경 강의를 통해서 업력을 청소하고 깨끗이 씻어야겠다는 발원을 세우셨으면 좋겠습니다.

여여한 부동심으로

중국의 고사 중 새옹지마(塞翁之馬)에 대한 이야기는 많이 들어서 다 아실 것입니다. 중국 새(塞)라는 변방의 땅에 한 노인이 살았습니다. 하루는 그가 기르던 말이 아무런 까닭도 없이 도망쳐 오랑캐들이 사는 국경너머로 가버렸습니다.

마을 사람들이 위로 하자 노인은 '이것이 또 무슨 복이 되는지 알겠소' 하고 조금도 낙심하지 않았습니다. 몇 달후 뜻 밖에도 도망갔던 말이 오랑캐의 좋은 말을 한 필 끌고 돌아오자 마을 사람들이 이것을 축하하였습니다. 그러자 그 노인은 '그것이 또 무슨 화가 되는지 알겠소' 하고 조금도 기뻐하지 않았습니다.

그런데 집에 좋은 말이 생기자 전부터 말타기를 좋아하던 노인의 아들이 그 말을 타고 달리다가 말에서 떨어져 다리가 부러졌습니다.

마을 사람들이 아들이 불구가 된데 대하여 위로하자 노인은 '그것이 혹시 복이 될런지 누가 알겠소' 하고 태연한 표정이었습니다.

그런지 1년이 지난 후 오랑캐들이 대거 쳐들어와서 장정들이 싸움터에 나가 대부분 전사하였는데 노인의 아들은 다리가 불구여서 무사할 수 있었습니다.

다시 동네사람들이 아들의 다리가 부러져 징집을 면했으니 '얼마나 좋으시겠습니까?' 했습니다.

하지만 그 노인은 즐거운 일을 당해도 아무렇지도 않고, 괴로운 일을 당해도 아무렇지도 않았습니다. 노인은 아마 부처님 같은 분이셨나 봅니다.

여러분은 어떠하십니까?

인생이라는 것은 때로는 괴로운 파도가 오기도 하고 때로는 즐거운 파도가 오기도 합니다. 살면서 괴로운 일은 없고 순전히 즐거운 파도만 오기를 바란다면 그것은 모래를 쪄서 밥을 지으려는 것과 같습니다. 인생은 고파(苦波) 낙파(樂波)가 끊임없이 반복되어서 옵니다. 반야심경 공부를 하는 여러분도 새옹처럼 이래도 마음 든든하고 저래도 마음 든든하고, 이래도 마음이 길흉에 끌리지 않고 저래도 마음이 길흉에 끌리지 않는 여여(如如)한 부동심(不動心)을 만드시기 바랍니다.

반야용선을 만들어

여러분께서 반야심경 공부를 통하여 할 일이 하나 있습니다. 바로 자기 자신의 반야용선(般若龍船)을 만드는 것입니다. 반야용선을 만들어 타고 괴로운 파도가 와도 즐거운 파도가 와도 아무런 문제없이 인생의 바다를 항해하시라는 말씀입니다.

이 반야심경 강의로 여러분들이 반야용선을 하나 턱 만드는데 도움이 되었으면 좋겠습니다. 여러분은 제가 말하는 반야용선을 다 아시는지요?

반야용선을 만들어 놓으면 생사의 괴로움, 증애(憎愛)의 괴로움에도 유유자적할 수 있습니다. 사랑하는 사람과 이별할까 걱정하는 괴로움, 미운 사람과 같이 사는 괴로움, 재산이 있고 없는 것의 괴로움, 시시비비(是是非非)의 괴로움 속에서도 언제나 유유자적할 수 있습니다. 큰 파도가 와도 지나갈 수 있고, 괴로운 파도가 와도 지나갈 수 있는 튼튼한 반야용선을 꼭 이 공부를 통해서 만드시길 부탁드립니다.

집을 짓고 조불조탑(造佛造塔)을 하고 경전을 읽는 것도 큰 불사이지만 스스로 자신만의 반야용선을 만드는 것이 가장 큰 불사입니다. 여러분은 대불사를 하기 위해 오셨다는 생각을 하셔야 됩니다. 반야용선의 모습은 잘 모르실지라도 이 강의를 통해서 꼭 '나의 반야용선'을 조성하시기를 간절히 부탁합니다.

부처는 반야를 깨닫고 소유한 사람

　재산을 많이 소유한 사람을 사바세계에서는 부자라고 말합니다. 이러한 사람은 풍족한 생활을 하게 됩니다.

　백화점에서 좋은 물건을 마음대로 살 수가 있고 좋은 서비스를 받을 수도 있습니다. 물론 재산 때문에 괴로움이 올 수도 있습니다. 그러나 현실에서는 권리나 재물을 많이 소유하면 명예롭고 풍족한 생활을 할 수 있고 남에게 선망의 대상이 될 수도 있습니다.

　부처님은 돈도, 권리도 갖지 않았지만 부유하고 존경받으며 사셨고, 지금도 우리는 부처님께 무엇인가를 바치고 또 가장 고귀한 찬사를 올리고 있습니다. 그분은 무엇을 소유하였을까요? 바로 반야의 마음을 발견하여 그것을 자기화한 것입니다. 즉 누구에게나 갊아 있는 마음의 반야를 깨달은 것입니다. 하지만 이 반야를 깨달았다고 해서 그저 자기의 것이 될 수는 없습니다. 반드시 수행을 통해서 깨달은 반야의 마음을 지키고 현실에서 활용해야 반야를 소유한 것이 됩니다.

　초등학교에 다닐 때 구구단을 배워서 알았더라도 수학문제를 풀면서 단련을 해야 구구단이 자기의 것이 됩니다. 이와 같이 우리도 자기 마음속의 반야심을 발견하여 남모르는 가운데 정성을 들여야 반야를 자기 것으로 소유할 수 있습니다. 물론 반야의 활용 정도에 따라 등급은 있을 수 있습니다.

여러분은 지식, 권리, 재산 등 형상 있는 것도 소유해야 합니다. 그러나 정말로 영원히 나에게 행복을 줄 수 있는 무형의 보배인 자신의 반야를 소유해야만 정말 잘 사는 사람이 되며 부처가 되는 길임을 알아야 합니다.

반야심경은 이렇게 독송해야

반야심경을 독송하는 몇 가지 요령에 대해서 말씀드리겠습니다.

첫째, 믿음을 갖고 독송해야 합니다. 반야심경을 많이 읽고 독송하면 업력이 소멸됩니다. 부처님을 만날 수 있고, 안심극락에 갈 수 있고, 지혜로워질 수 있습니다. 이렇게 믿고 독송하는 것이 반야심경 공부를 잘하는 것입니다. 꼭 믿음을 갖고 독송해야 합니다.

마음이 괴로울 때, 마음이 들떠 있을 때, 미운 마음과 원망심으로 가득 찰 때, 애정에 눈이 어두울 때, 마음이 평정을 잃었을 때 법신 불전에 고요히 정좌하고 '오탁한 마음이 반야심경의 힘으로 평정하여지이다.' 하고 반야심경을 일심으로 독송하면 반드시 그릇된 마음이 소멸될 것입니다. 마음에 온통 반야심경의 소리로 가득 차게 독경하고 몸 전체로 독송하여야 합니다.

반야심경을 독송하는 자신의 소리를 들으면서 독경하고 천지가 모두 반야심경의 소리로 가득하게 송경을 하면 번뇌 망상은 깨끗하게 없어질 것입니다.

또한 반야심경 독경소리를 듣는 일체 중생이 극락가기를 발원하면서 이에 대한 확신으로 독송을 하면 그들도 부처님의 법으로 제도 받을 것입니다.

둘째, 알고 독송해야 합니다. 저의 어머니는 절에 다니면서 천수경과 반야심경을 늘 독송하셨습니다. 그런데 제가 반야심경의 뜻을 물으니 '난 모른다' 라고 하셨습니다. 그래서 '그러면 누가 압니까?' 라고 여쭈니, 어머니께서는 '스님이 아신다' 라고 하셨습니다. 그래서 '스님만 극락가고 어머니는 안 가시려고 그러세요!' 라고 물으면 '나는 복잡한 것 모르니 스님한테 물어 봐라. 가르쳐 주실 거다' 라고 하셨습니다. 스님만 아는 반야심경이 되어서는 안 됩니다. 내가 알아야 합니다.

세상에서 내가 가장 귀한 사람입니다. 나하고 바꿀 사람은 아무도 없습니다. 내가 힘이 있어야 부모님께 효도할 수 있으며 세상을 위하여 좋은 일도 할 수 있기 때문입니다. 반야심경을 알고 독송하면 훨씬 더 쉽게 실천할 수 있습니다.

반야심경을 해석한 법문을 듣고, 책을 보고, 자신이 연구도 하고, 생각하면서 반야심경을 독송하면 반야심경의 한 줄 한 줄을 알게 되고 마침내 전체를 알게 될 것입니다. 우리가 반야심경을 독송할 때 이처럼 알고 깨닫고자 하는 노력을 해야 합니다.

우리 불제자들은 아침저녁으로 좌선을 끝낸 뒤, 또 의식을 진행

할 때에 반야심경을 독송합니다. 의식의 일부로써 무조건 외우는 것도 중요한 일입니다. 그러나 뜻을 잘 음미하면서 외우면 더욱 좋을 것이고 실천을 대조하면서 독송한다면 더욱 좋을 것입니다. 우리가 반야심경을 독송하면서도 그 뜻을 모른다면 부처님의 가르침을 제대로 받든다고 할 수 없을 것입니다. 부처님을 믿는데 그치지 않고 우리도 부처님처럼 실천하고 남에게 가르치는 것을 이상으로 삼아야 합니다.

셋째, 실천하며 독송해야 합니다. 진정 몸에 담고 실천해야 합니다. 한 어른이 '나는 저녁에 잘 때도 부처님을 안고 자고 일어나서도 부처님하고 같이 다닌다. 말할 때도 부처님하고 함께 말하고 차마실 때도 함께 마신다. 너희들이 부처님 목소리를 듣고 싶으냐?'라고 질문을 하니 어떤 분이 듣고 싶다는 대답을 했습니다. 그 어른이 '이것이 반야다. 이것이 부처다'라고 하셨습니다. 24시간 반야하고 같이 살면 반야를 실천하는 것입니다. 반드시 반야를 실천하고 독송해야 합니다.

반야심경의 여러 구절 중에 한 구절이라도 깨달아 알았으면 실생활에서 실천해야 합니다. 부처님의 교리는 중생들의 앞길에 행복과 광명을 주기 위함입니다. 이것은 실천을 통해서 가능한 것입니다. 좋은 음식을 보고만 있으면 무슨 의미가 있겠습니까? 먹어서 힘이 될 때 의미가 있는 것입니다.

넷째, 가르치며 독송해야 합니다. 다른 사람에게 가르치는 것 보다 더 큰 스승이 없습니다.

저는 수심결을 대 여섯 번 정도 다른 스승님한테 배웠습니다. 그래도 명확하지 못했는데 제가 영산선학대학교에 부임해서 학생들에게 한 번 가르치니까 열 번 배운 것보다 훨씬 많은 것을 깨달을 수 있었습니다. 이와같이 조금 서툴더라도 모르는 사람에게 가르치다 보면 반야심경을 보다 효과적으로 깨달을 수 있습니다. 그러므로 가르치면서 반야심경을 독송해야 합니다.

우리는 반야심경을 독송하고 깨닫고 실천하여 얻은 즐거움을 이웃과 함께 나누어야 합니다. 성자의 법문을 전하는 것을 성업(聖業)이라고 합니다. 반야심경을 이웃에게 전하는데 정성을 다하는 것은 바로 성업(聖業)이며 대불사(大佛事)입니다.

반야심경의 공(空)과 무(無)에 대한 구조

무릇 모든 경전은 말씀하신 분의 가르치는 의도를 확실히 파악하는 것이 중요한 일이며, 또 다른 하나는 그 말씀하신 내용을 어떤 순서로 전개하였는가 하는 것을 잘 알아야 말씀의 본의를 잘 해득할 수가 있습니다. 앞에서 말씀 드린 것처럼 모든 불경(佛經)은 거의가 서분(序分)과 정종분(正宗分) 그리고 유통분(流通分)으로 구성되었는데 서분과 유통분은 현장 스님의 번역본에서는 생략되었습니다.

짐작컨대 반야심경이 신자들의 독송용이 되면서 서분과 유통분을 생략한 것으로 전해지고, 현재 주로 유통되는 반야심경이 되지 않았을까 생각해봅니다.

경의 본론이라고 할 수 있는 정종분(正宗分)의 내용을 크게 두 가지로 요약할 수가 있습니다. 공(空)이라고 표현된 부분과 무(無)라고 표현된 부분입니다.

첫째, 관자재보살(觀自在菩薩)부터 부증불감(不增不減)까지는 반야 진리를 말씀하신 실상론이며 또한 존재론이라고 할 수 있습니다. 현장 스님은 반야인 진리를 공이라는 표현을 빌려서 번역하였습니다.

우주를 운영하는 어떤 원리가 있는데 그것을 반야라고도 부르며 진여(眞如), 법신(法身)이라고 부르는데 그러한 진리적인 존재는 어디에 있으며 또 그것은 어떤 성격이라는 것을 설명해 놓은 부분입니다.

둘째, 시고공중(是故空中)에서부터 끝까지는 앞의 반야의 공(空)한 자리를 깨쳐서 그것을 증득하는 과정과 공덕을 말씀하였고 그것은 수행론(修行論)이라고 할 수가 있으며 이것을 무(無)라고 번역하였습니다.

반야심경의 약본(略本)과 광본(廣本)에 대하여

우리가 외우고 공부하는 이 반야심경은 인도말(산스크리트어)로 되어 있는 것을 현장 스님과 구마라집 등 다수의 고승들에 의해 한문으로 번역이 되어 우리에게 전해졌습니다. 그런데 한문으로 번역되기 전에는 산스크리트 원어로 된 것은 두 가지가 있습니다. 하나는 광본(廣本)이고, 다른 하나는 약본(略本)입니다.

광본은 현재 우리가 보고 있는 반야심경에서 앞부분인 서론이 있고 뒷부분인 부촉의 뜻으로 된 부분이 더 있습니다. 그러나 경의 핵심이라고 여겨지는 본문의 내용은 별다른 차이가 없습니다.

대개 불경은 세 가지 구조로 되어 있습니다.

첫째가 서분(序分)으로 그 경전을 설하게 된 인연, 즉 법회의 장소, 법석을 열었을 때 모여 있는 청중에 대하여 기록하고 있습니다.

금강경에서도 법회인 유분이라고 되어 있는 부분입니다.

그런데 반야심경 광대본에는 서분이 있고 둘째로는 정종분(正宗分)으로 경의 핵심적인 내용이 수록되어 있는 부분이 있습니다. 셋째로는 유통분(流通分)으로 법문을 다 설하고 법문을 듣고 감격한 내용과 후세에 전하려는 맹세 부분으로 나뉘어 있습니다. 이 책 25페이지에 실려 있는 광본 원문을 참고하시기 바랍니다.

짐작컨대 본래 경전의 모습은 광본으로 되어 있었으나 신도들의 독송용으로 축약해 놓은 것이 전해져서 지금 우리들이 공부하고 있는 약본이 되지 않았을까 생각해 봅니다.

원불교에서 참회문의 원문을 그대로 다 독송하지 않고 뒷부분을 생략하여 독송하는 경우와 흡사하리라 생각합니다.

우리들이 참고로 알아둘 일은 이 반야심경을 직접 말씀하신 분이 누구인가 하는 의문입니다. 광본에 의하면 반야심경을 설하실 때 모습은 당시 부처님께서 깊은 삼매에 계셨는데 지혜 제일이라고 일컬어지는 사리불이라는 제자가 관자재보살에게 질문하였습니다. '어떻게 하면 깊은 반야의 경지에 들 수 있습니까' 하는 이 질문에 대하여 관자재보살이 우리가 공부하는 약본의 반야수행에 대한 법문을 하게 되었지요. 그리고 부처님께서 삼매에서 깨어나 관자재보살이 설한 법문을 옳다고 인증하여 주셨습니다.

그러니까 광본에 의하면 반야심경을 직접 설한 분은 관자재보살이며 그것을 나의 뜻과 같다고 인가하신 분이 부처님이지요. 관자재보살이 부처님의 반야사상을 속 깊이 연마하여 반야의 정수를 부처님을 대신하여 설명한 것이 지금 이 반야심경이 아닌가 유추해 봅니다. 이런 설명을 드린 것은 전문적으로 연구하실 분이 있다면 참고하라는 뜻으로 말씀드렸습니다.

般若波羅蜜多心經(廣本)

如是我聞 一時佛在王舍城耆 山中 與大比丘衆及菩薩衆俱 時佛世尊卽入三昧 名廣大甚深 爾時衆中有菩薩摩訶薩 名觀自在 行深般若波羅蜜多時 照見五蘊皆空 離諸苦厄 卽時舍利弗 承佛威力 合掌恭敬 白觀自在菩薩摩訶薩言 善男子 若有欲學甚深般若波羅蜜多行者 云何修行 如是問已 爾時觀自在菩薩摩訶薩 告具壽舍利弗言 舍利子 若善男子善女人 行甚深般若波羅蜜多行時 應觀五蘊性空 舍利子 色不異空 空不異色 色卽是空 空卽是色 受想行識 亦復如是 舍利子 是諸法空相 不生不滅 不垢不淨 不增不減 是故空中 無色 無受想行識 無眼耳鼻舌身意 無色聲香味觸法 無眼界 乃至 無意識界 無無明 亦無無明盡 乃至 無老死 亦無老死盡 無苦集滅道 無智 亦無得 以無所得故 菩提薩埵 依般若波羅蜜多故 心無罣碍 無罣碍故 無有恐怖 遠離顚倒夢想 究竟涅槃三世諸佛 依般若波羅蜜多故 得阿耨多羅三藐三菩提 故知般若波羅蜜多 是大神呪 是大明呪 是無上呪 無等等呪 能除一切苦 眞實不虛 故說般若波羅蜜多呪 卽說呪曰 揭諦揭諦 波羅揭諦 波羅僧揭諦 菩提

薩婆訶.

如是舍利弗 諸菩薩摩訶薩 於甚深般若波羅蜜多行 應如是行
如是說已 卽時世尊從廣大甚深三摩地起 讚觀自在菩薩摩訶
薩言 善哉善哉 善男子 如是如是 如汝所說 甚深般若波羅蜜
多行 應如是行 如是行時一切 如來皆번隨喜 爾時世尊說是語
已 具壽舍利弗大喜充遍 觀自在菩摩訶薩亦大歡喜 時彼眾會
天人阿修羅閻乾婆等 聞佛所說 皆大歡喜 信受奉行

반야바라밀다심경 번역(광본)

이와 같이 나는 들었다.

어느 때 부처님께서 왕사성 기사굴 산중에서 많은 비구 대중 및
보살 대중과 함께 계셨는데, 그때 부처님 세존께서는 '광대심심
(廣大甚深)' 삼매에 들어 계셨다.

이 때 대중 가운데 한 보살마하살이 있어서 이름을 '관자재'라
하였는데, 깊은 반야바라밀다를 행할 때 오온이 모두 공함을 비추
어 보고 모든 고액을 떠났다.

이 때 사리불이 부처님의 위신력을 받들고 합장 공경하면서 관

자재보살마하살께 물었다.

"선남자가 있어서 만약 깊고 깊은 반야바라밀다를 배우려고 하는 이는 어떻게 수행을 해야 합니까?" 이와 같이 묻자, 이때 관자재보살마하살이 장로 사리불에게 말했다.

"사리자여! 만약 선남자 선여인이 깊고 깊은 반야바라밀을 행할 때는 마땅히 오온의 성품이 공함을 관하여야 한다.

사리자여! 색이 공과 다르지 않고, 공은 색과 다르지 않으니, 색이 곧 공이고, 공이 곧 색이며, 수상행식 또한 이와 같으니라.

사리자여! 이 모든 법의 공한 모습은 나지도 않고, 멸하지도 아니하며, 늘지도 않고 줄지도 아니하나니, 그러므로 공 가운데는 색도 없고, 수상행식도 없으며, 눈 귀 코 혀 몸 뜻도 없고, 빛 소리 냄새 맛 감촉 마음의 경계도 없으며, 눈이 인식하는 요소도 없고, 나아가서 마음이 인식하는 요소도 없으며, 무명도 없고 무명이 다함도 또한 없으며, 나아가서 늙음 죽음도 없고, 늙음 죽음이 다함도 또한 없으며, 괴로움, 괴로움의 원인, 괴로움의 다함, 괴로움의 다함에 이르는 길도 없고, 지혜도 없으며 얻는 것도 또한 없느니라.

얻을 것이 없기 때문에 보리살타는 반야바라밀다에 의지하므로 마음에 걸림이 없고, 마음에 걸림이 없으므로 두려움이 없으며, 전도된 허망한 생각을 멀리 벗어나서 마침내 열반에 이르나니, 삼세의 모든 부처님들도 반야바라밀다에 의지하므로, 위없는 바르고 두루한 깨달음을 얻으시니라.

그러므로 알라. 반야바라밀다 주문은 크게 신비한 주문이며, 큰 광명의 주문이며, 위없는 주문이며, 견줄 바 없는 주문이어서 능히 온갖 괴로움을 없애니, 참되고 실다워서 허망하지 않느니라.

이에 반야바라밀다를 설하노니, 주문에 이르되,

'아제 아제 바라아제 바라승아제 모제사바하'

이와 같이 사리불이여! 모든 보살마하살이 깊고 깊은 반야바라밀다를 행함에, 마땅히 이와 같이 행하느니라.

이렇게 말을 마치자, 그때 세존께서는 광대심심 삼매로부터 일어나셔서 관자재보살을 칭찬하여 말씀하셨다.

"훌륭하고 훌륭하도다. 선남자야! 이러하고 이러할지니, 그대가 말한 바 대로 깊고 깊은 반야바라밀다의 행은 마땅히 이렇게 행하리니, 이와 같이 행할 때 모든 여래가 모두 함께 따라서 기뻐하리라."

그때 세존께서 말씀을 마치시자, 구수 사리불은 큰 기쁨으로 충만하였으며, 관자재보살마하살도 또한 크게 기뻐하였으며, 당시에 저 대중 집회에 모인 천인, 아수라, 건달바 등이 부처님의 말씀을 듣고 모두 크게 기뻐하면서 믿고 받아 지니며 받들어 행하였다.

반야심경의 원문(原文)과 해석

般若波羅蜜多心經

觀自在菩薩 行深般若波羅蜜多時 照見五蘊皆空 度一切苦厄
舍利子 色不異空 空不異色 色卽是空 空卽是色 受想行識 亦
復如是

舍利子 是諸法空相 不生不滅 不垢不淨 不增不減 是故空中
無色 無受想行識 無眼耳鼻舌身意 無色聲香味觸法 無眼界
乃至 無意識界 無無明 亦無無明盡 乃至無老死 亦無老死盡
無苦集滅道 無智亦無得 以無所得故 菩提薩埵 依般若波羅蜜
多故 心無罣碍 無罣碍故 無有恐怖 遠離顚倒夢想 究竟涅槃 三
世諸佛 依般若波羅蜜多 故 得阿耨多羅三藐三菩提 故知般若
波羅蜜多 是大神呪 是大明呪 是無上呪 是無等等呪 能除一
切苦 眞實不虛 故說般若波羅蜜多呪 卽說呪曰 揭諦揭諦 波
羅揭諦 波羅僧揭諦 菩提薩婆訶.

반야바라밀다심경 번역

　관자재보살이 속 깊은 반야공부로써 낙원세계인 저 언덕에 도달하려는 수행과 적공을 할 때에 형상 있는 육신(色)과 정신작용인 수상행식(受想行識)이 모두 텅 비어있는 반야자리를 비추어 보고 고통과 역경으로부터 자유를 얻었나니라.

　사라자야! 온갖 괴로움을 일으키는 현상인 색(色)과 이상(理想)의 세계인 허공 같은 반야가 서로 다른 것이 아니며 허공인 반야의 형색인 현상이 서로 다르지 않으며 형색이 있는 현상이 바로 허공과 같은 반야이며 허공인 반야가 바로 삼라만상의 현상과 둘이 아닌 것이니라.

　사리자야! 모든 법이 텅 빈 반야의 진리는 어디로 부터 태어나지도 아니하고 없어지지도 아니하며, 더럽혀지지도 아니하고 깨끗하지도 않으며, 더 늘어나지도 않고 줄어들지도 않는 것이로다.

　반야의 진리를 깨달아 실천해 들어가면 육신과 수상행식의 정신 작용에도 걸리고 막힘이 없는 것이요, 안이비설신의(眼耳鼻舌身意)인 나의 육근에도 걸림이 없고 색성향미촉법(色聲香味觸法)의 외경에도 걸리고 막힘이 없으며, 안식(眼識)의 세계에도 걸리고 막힘이 없고, 나아가서는 의식(意識)의 세계에도 아무런 걸림과 막힘이 없이 자유로울 것이요, 무명(無明)도 없으며 무명이 다 맑아졌다고 하는 관념도 없으며 나아가서 늙어 죽음도 벗어났으며,

또한 늙고 죽음과 해탈했다는 흔적도 없는 것이로다.

부처님이 중생을 제도하시기 위하여 설하신 고집멸도(苦集滅
道)의 사제법(四諦法)에도 걸림이 없는 것이요, 깨달음에도 걸림
이 없고 실천하여 얻음에도 걸림이 없으며, 총체적으로 말하면 모
든 것에 걸리고 막힘이 없나니라.

보살은 반야의 진리에 표준하여 이상(理想)의 저 언덕에 도달하
는 공부를 하므로 마음에 걸리거나 막힘이 없고, 걸림이 없는 까닭
에 두려움이 없나니라.

반야에 표준하여 공부를 하면 그릇된 생각을 멀리 떠나게 되고
나아가 번뇌 망상과 근심 걱정을 벗어나는 반야의 진리에 합하게
되나니, 삼세(三世)의 모든 부처님도 반야의 진리에 표준하여 불
지에 도달하였으므로 대원정각(大圓正覺)을 성취하였나니라.

그러므로 알라. 반야바라밀다를 성취하려는 주문은 참으로 크게
신비한 주문이며, 크게 밝은 주문이며, 더 이상 위(位)가 없이 높은
주문이며, 무엇과도 견줄 수 없는 주문인 것이니라.

이 주문을 많이 독송하면 갖가지 고통을 능히 제거할 수 있으며,
이 주문의 공덕은 진실하여 헛된 말이 아니니라.

그러므로 반야바라밀다를 성취하는 주문을 말하리라. 곧 주문을
가르쳐 말씀하시기를 '아제아제 바라아제 바라승아제 모제사바
하' (揭諦揭諦 波羅揭諦 波羅僧揭諦 菩提薩婆訶)

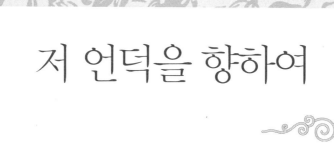

저 언덕을 향하여

1

제1장
저 언덕을 향하어

 제목설명

般若波羅蜜多心經

1. 반야의 마음공부로써 부처님의 세계인 저 언덕에 도달하게 하는 핵심이 되는 경전.
2. 내 마음에 늘 함께 하는 반야십을 밝히고 길들이고 사용하여 우리의 이상세계(理想世界)인 선정(禪定)과 지혜(智慧)와 복덕(福德)이 충만한 부처님의 극토에 도달하게 하는 가장 핵심이 되는 가르침.

불지에 이르는 핵심 경전

첫 번째 해석은 직역에 가까운 해석이고 두 번째 해석은 의역에 가까운 해석입니다.

반야로써 저 언덕에 이르게 하는 핵심이 되는 경전이라는 뜻으로 반야공부를 하여 반야로써 불지(佛地)인 저 언덕으로 가자는 뜻입니다.

반야심경 번역은 굉장히 많으나 대체적으로 구마라집(鳩摩羅什)이 번역한 것은 '마하반야바라밀다심경' 이라 해서 앞에 '마하(摩訶)' 라는 말이 있습니다. 이 말은 '크다, 이긴다, 넓다' 등의 여러 가지 뜻이 있습니다.

현장(玄奘)의 번역은 마하라는 단어가 없이 '반야바라밀다심경' 이라 했는데 원불교에서는 이것을 채택했습니다. 저는 현장의 번역본을 채택한 것이 옳다고 생각 합니다.

반야심경은 되도록 군소리를 빼고 정수만 넣었으니 마하란 말, 즉 크다는 것은 반야의 광대함을 묘사한 것으로 '크고 크며 클 것 없이 무한의 큰 것임' 을 묘사한 수식어이기 때문입니다. 반야라는 용어에는 무한이 크며, 밝으며, 조화롭다는 등의 여러 가지 뜻이 함축되어 있기 때문에 크다라는 뜻의 마하라는 말이 반드시 적절한 것은 아니기 때문입니다.

'반야바라밀다심경' 을 줄여서 '반야심경' 이라고도 하고, 또는 심경(心經)으로 줄여서 말하기도 합니다.

반야는 진리다

반야는 석가모니 부처님께서 보리수 아래에서 정각을 이루신 진리의 대명사입니다. 석가모니 부처님께서는 보리수 아래에서 새

벽별을 보시고 깨달음을 얻으셨습니다. 부처님께서 사문유관(四門遊觀)을 하셨는데 생로병사, 즉 낳는 것과 늙는 것과 병든 사람과 죽은 사람을 보시고 '늙지 않고 병들지 않고 죽지 않고 태어나지 않는 그 영원한 진리는 것은 무엇일까' 라는 의심을 하셨습니다. '생로병사를 해탈하여 변하지 않는 진리는 무엇인가' 라는 의심을 해결하기 위하여 스승을 찾아 헤매기도 하고 갖가지 고행을 하시다가 보리수 아래서 새벽별을 보시고 정각(正覺)하셨습니다. 무엇을 정각 하셨을까요? 바로 '반야' 라 일컫는 또는 '법신불' 이라는 진리입니다.

여기서 우리는 부처님께서 왕위까지 사양하고 불변의 영원한 진리를 찾아 나선 구도(求道)에 대한 진지한 정열을 생각해야 합니다. 보통 사람들은 태어나고 늙고 병들고 죽는 것을 아무런 의심도 저항함도 없이 그냥 누구나 당하는 것으로, 상식적으로 받아들일 뿐 깊게 추구하는 정신이 부족합니다.

우리 불제자들은 일상적으로 알고 있는 상식, 삶이란 그저 주어진대로 사는 것이라는 생각에서 벗어나 자신의 삶에 대해서 진지하게 의문을 던져야 합니다. 이것을 바로 의두(疑頭) 또는 화두(話頭)라고 합니다. 지금 여러분들은 무엇을 알고 싶습니까?

아무런 의심이 없이 닥치는 대로, 주어진 대로 사는 사람을 보고 창의력이 없다고 합니다. 이러한 사람들은 남이 만들어 놓은 지식 속에서 상식에 그친 삶을 살게 됩니다. 모르는 것을 알려고 하는 의심머리를 가져야 합니다. 이것을 세상에서는 문제의식이라고도 합니다.

석가모니 부처님은 감수성이 예민한 어린 시절에 모친을 사별하고 인생에 대한 회의 속에서 불변(不變)의 진리와 영원한 삶에 대한 깊은 문제의식을 가졌습니다. 결국 유성출가(踰城出家)를 하고 고행을 하면서 그 의문을 해결하고자 하는 정성스런 집념의 결실로써 정각(正覺)을 이루신 것입니다.

그런데 그 깨달으신 내용이 무엇일까요? 깨달은 내용을 제자들에게 가르치기 위해서 이름을 하나 붙였습니다. 그것이 바로 반야입니다.

부처님께서 깨달으신 그 무엇, 즉 반야라는 말만 들어도 이 자리에 앉아 있는 분 중에서 깨달으신 분은 '아하! 그것을 얘기하나 보다' 하고 바로 아실 수 있습니다. 하지만 깨닫지 못한 분은 '뭘 깨달았는가 보다' 이렇게 생각할 수밖에 없지요. 만약에 지금 여러분들이 수박을 먹고 있다고 가정할 때, 이미 먹어 본 사람은 '아, 수박 맛!' 하고 금방 군침을 삼킬 것입니다. 그런데 수박을 안 먹어 본 사람은 '수박 맛이 어떨까?' 하며 궁금해 하겠지요. 부처님께서는 본래 이름이 없는 그 자리를 깨치고 작명(作名)을 하셨습니다. 반야라 하면 좋겠다 하셔서 반야라 부른 것입니다.

우리가 잘 알고 있는 선시(禪詩)가 있습니다.

나에게 한권의 경전이 있는데   我有一卷經

종이에 먹으로 이뤄진 것이 아니네   不因紙墨成

펼쳐보면 한 글자도 없는데   展開無一字

언제나 큰 광명을 보이네.   常放大光明

아마 여러분도 많이 들었을 것이며 연마한 분도 있을 것입니다.

여기서 한 글자도 없는 경전은 무엇입니까?

한 글자도 없는 경전, 언제나 경계마다 광명스럽게 비추고 있는 경전을 아십니까? 보십니까? 사용합니까?

우리들 누구에게나 다 갖추고 있는 글자없는 경전을 알아서 그 것을 잘 사용하십시오. 문자 없는 경전이 바로 내 마음속에 있는 반야입니다.

반야의 세 가지 요소

이렇게 이름한 반야를 일반적으로 지혜 또는 근본지(根本智)라고 번역하지요. 반야라고 일컬어지는 진리에는 세 가지 요소가 있습니다.

텅 비었다는 요소가 있습니다. 또 텅 비었는데 휘황찬란한 광명, 즉 지혜광명의 요소가 있습니다. 그리고 조화 무궁한 요소를 갖추고 있습니다.

다시 한 번 부처님께서는 왜 반야라 하셨는지 생각해 볼까요?

반야는 앞에서 말한 진리의 세 가지 요소 중 지혜광명을 중심으로 깨달으신 진리자리를 표현하고 이름을 붙인 것입니다.

저의 성은 장씨인데 가령 여기에 저희 집이 있다면, 아버지 친구들은 아버지 이름을 부르면서 '저기, 저 집은 장 누구누구 집이다'라고 하고, 또한 어머니를 아는 분은 어머니 이름을 부르면서 '저 집은 아무개 집'이라고 하겠지요.

반야란 진리의 고요한 성질, 지혜광명의 성질, 조화무궁의 성질이 있는데, 이 세 가지 가운데에서 지혜광명의 성질을 중심으로 그 이름을 붙인 것입니다.

일반적으로 반야를 지혜라고 말합니다. 그렇다고 반야를 지혜로만 말하는 것은 결코 아닙니다. 고요하고 조화가 무궁한 것이 내포되어 있는 '지혜'라고 이해해야 합니다. 그래야 반야를 잘 이해한 사람입니다. 단순히 지혜라고만 이해하는 사람은 아직 못 깨달은 사람입니다.

부처님께서는 깨달은 진리를 반야라고만 하신 것이 아니라 그 이름을 법신(法身), 진여(眞如)라 붙이기도 하셨습니다. 그래서 그 자리를 반야라고도 하고, 법신이라고도 하고, 진여라고도 합니다.

예를 들어 저를 부를 때, 높여부르는 사람은 '경산님'이라고 할 것이고, 제 친구들은 '웅철', 또 옛 고향 친구들은 '유석'이라고 어릴때 이름을 부를 것입니다. 이렇게 이름은 다르게 부르지만 그러나 저는 같은 한 사람입니다.

이러한 반야의 진리를 원불교에서는 일원상 진리 혹은 일원상 부처님이라고 하고, 예수님께서는 하느님이라 했으며, 우리 조상 님들은 한울님이라 했습니다. 하나를 놓고 이렇게 저렇게 이름을 달리 붙인 것입니다.

세 가지 의미의 반야

반야를 다른 각도에서 조명하자면 진리반야(眞理般若), 교리반야(敎理般若), 실천반야(實踐般若)로 설명할 수 있습니다.

진리반야는 깨달은 대상, 즉 진리 자체를 말합니다. 철학적 용어를 빌리자면 반야는 궁극적 존재이며 이 세상 만물을 움직이는 이법(理法)이라고 할 수 있습니다. 공자님은 이를 하늘(天)이라 하셨고 노자님은 도(道) 혹은 자연이라고 하셨습니다.

이 세상 만물이 수없이 나열되어 있지만 하나로 꿰는 이치가 있습니다. 천지자연이 어디로 돌아가겠습니까? 진리자리로 돌아갑니다. 사람에게 번뇌 망상이 많이 생겼다가 없어지곤 하지만 그것이 돌아가는 곳은 바로 본성자리 입니다.

이것이 진리반야입니다. 불가에서는 이를 실상반야(實相般若)

라고도 합니다.

　교리반야는 비유하여 말하자면 부처님께서 반야의 진리를 깨달아 실생활에서 실천할 수 있도록 갖가지 방법을 마련하였는데 이를 일컬어 교법, 교리반야라고 말합니다. 이것이 바로 불타(佛陀)의 계·정·혜 삼학, 사제 팔정도 등의 법문입니다. 깨달은 사람은 반야를 보아서 이를 마음대로 사용하여 복을 짓고 즐거움과 지혜를 장만합니다. 깨닫지 못한 중생들은 어두운 지혜로 고해에서 헤매이므로, 이들을 반야의 세계로 인도하고 공부시키기 위해서 교리를 제정하신 것입니다. 이것을 교리반야라 합니다.

　성현은 그 시대에 알맞은 교리를 만드십니다. 그래서 교리반야와 대종사님이 내놓으신 삼학팔조 사은사요와 석가모니 부처님이 내놓으신 계·정·혜와 사제·팔정도가 시대상황적으로 서로 다를 수 있습니다. 진리반야는 삼세를 놓고 똑 같으나 교리반야는 시대와 그 지역의 문화에 따라 조금씩 다를 수 있다는 것입니다.

　예수께서 말씀하신 교리가 다르고, 부처님께서 만들어 놓은 교리가 다르고, 유교 공자님이 만들어 놓은 교리가 다릅니다. 그것은 시대 인심이 다르기 때문입니다. 즉 문화와 풍습이 다른 환경의 중생을 제도하기 위하여 그들에게 맞는 교리를 내놓아야 구원이 가능하기 때문입니다.

　교리반야를 문자반야라고도 합니다. 문자반야는 거울과 같은 것입니다. 이것을 보면 부처님의 마음을 들여다 볼 수 있고, 우리에게 무엇을 부탁하셨으며 어떻게 하라고 말씀하셨는가를 알 수 있습니다. 우리는 이 교리반야를 통해서 부처님을 만날 수 있고, 진리반야를 깨닫고 실천할 수 있습니다. 그러기에 교리반야는 매우 중요합니다. 실상인 진리를 향해서 걸어가는 안내서이기도 하고 그 시대에 맞는 가치관이기도 합니다.

실천반야는 교리반야를 믿고 알고 깨닫고 생활 속에서 하나하나 실천해 가는 것을 말합니다. 이를 다른 말로 수행반야, 관조반야라고도 하지만 실천반야라는 말이 가장 적절하다고 생각합니다.

여러분은 이 책을 보면서 스스로 반야용선을 만들어야 합니다. 그래서 실생활에 사용하는 것이 실천반야입니다. 아무리 진리인 반야가 우주에 가득하게 있고, 또 경전에서 반야가 이런 것이다 라고 일러주어도 우리가 실천을 하지 않는다면 그림의 떡입니다. 결코 그림의 떡으로는 배를 채울 수 없습니다. 내가 직접 반야를 깨닫고 교리반야를 내가 스스로 먹고 마셔야 합니다. 우리가 역점을 두어야 하는 것이 바로 이 실천반야입니다.

과거에는 진리를 믿고 깨닫는데 역점을 두었다면 후천개벽 시대인 지금은 활용시대로서 진리를 사용하는 시대입니다. 사용하려면 내가 먼저 실천을 해야 합니다. 여러분들이 일상생활 속에서, 즉 부엌에서 밥을 짓고 자녀들을 기르실 때에, 또 어려운 문제를 당했을 때에 반야를 실천해서 활용해야 합니다. 그러기에 이 실천반야가 중요합니다.

이상의 세 가지 반야에 하나를 더 첨가한다면 '교화반야' 입니다. 내가 좋다면 다른 사람한테 전해야지, 나만 가지고 있어서는 안 됩니다.

젊은 시절, 신도안에서 대산종법사님을 모시고 있을 때 각산 신도형 선진님이 금강경을 가르쳤습니다. 재미가 있어서 열심히 들었는데, 하루는 여자 교무님 한 분이 휴양차 오셨습니다. 당시 대산종법사님께서는 오늘 누가 왔는지를 꼭 물으셨습니다. '아무개 아무개가 왔습니다' 라고 말씀드렸더니 '너 금강경 들으라고 말했느냐' 라고 물으셨습니다. 그래서 '오늘은 피곤할 듯하여 말하지 않았습니다' 라고 말씀드렸더니 눈을 크게 뜨시고 하시는 말씀이 '이 녀석, 돼지 같은 녀석, 너만 좋은 이야기 듣고……. 듣고 안 듣는 것은 그 사람 스스로의 일이고, 네가 말하는 것은 너의 일인데, 좋은 것을 너만 들었으니 너는 돼지와 같다. 오늘 하루 돼지다' 라고 하셨습니다. 그 때 매우 극단적인 꾸중을 듣고 어린 마음에 '아! 나만 알고 다른 사람한테 안가르쳐주는 것은 돼지구나' 라는 생각이 강하게 각인 되었습니다. 여러분도 반야심경을 들었으니, 돼지가 되지 말아야 합니다. 반드시 이 집 저 집에 가서 가르치고 교화반야를 해서 꼭 법을 전하도록 해야 합니다.

반야는 어디에

여러분! 반야의 주소가 어디입니까? 반야의 주소를 댈 줄 알아야 합니다. 반야가 삼천년 전에 돌아가신 부처님에게만 있습니까? 만약 그렇다면 돌아가신 부처님을 살려올 수는 없는 일입니다. -대중이 마음이라고 답함-

그러면 마음 밖에는 반야가 없습니까? 우리는 반야의 주소를 확실히 알아야 합니다. 과거에는 '진리와 우리는 남남이다' 또는 '고승석덕(高僧碩德)이나 도력이 높은 성직자나 알지, 우리는 믿기만 하고 따라다니기만 하는 사람이다. 우리가 무엇을 알겠는가' 했는데 이렇게 하면 중생을 면할 길이 없습니다. 따라서 고해에서 윤회할 수 밖에 없습니다.

이 세계는 전체가 반야의 큰 덩어리입니다. 반야는 개미한테도, 우리가 쓰는 컵에도 있습니다. 반야 아닌 것이 없습니다. 차가 다니는 것도 반야가 다니는 것이고, 소리를 듣는 것도 반야가 듣는 것입니다. 모든 것이 반야의 덩어리입니다.

모든 것이 다 반야이므로 가장 쉽게 반야를 볼 수 있는 곳이 어디겠습니까? 내 마음 속에 있는 반야를 보는 것입니다.

지금 여러분이 저를 보고 계시는데 무엇이 저를 보며 제 말을 듣고 있습니까? 바로 여러분의 반야가 저를 보고 제 말을 듣는 것입니다. 그것이 반야인지 모르는 것은 촌수에 어두워서 형제를 옆에

두고도 형제인 줄을 모르는 것과 같습니다. 철없는 어린 아이는 돈을 가지고 있어도 돈의 가치를 모릅니다. 내 속에 반야가 있어도 반야인 줄을 모르고 하찮게 생각합니다.

우리가 반야공부를 하려면 언제나 마음속에서 반야를 찾아야 합니다. 밖에서, 경전에서, 성인의 말씀에서만 찾고 있으면 철든 수도인이라 할 수 없습니다. 성인이나 경전은 반야를 가리키는 거울일 뿐이며 안내서에 불과합니다. 밖에서 반야를 찾으면 찾을수록 반야는 더 애매하고 멀어집니다. 내 마음에서 반야를 찾아야 쉽게 찾을 수 있습니다.

여러분! 지금 마음이 편안하십니까? 만일 편안하시다면 반야가 있어서 편안한 것입니다. 이런 저런 생각을 할 수 있는 것은 반야의 광명이 있기에 가능합니다. 반야의 광명이 없으면 이 생각 저 생각을 할 수 없습니다. 무엇인가를 하고 싶은 마음이 일어날 때가 있습니다. 사랑하고 싶고, 주고 싶고, 받고 싶어 하는 그것이 바로 반야의 조화입니다. 여러분의 지금 이 마음이 바로 반야입니다.

반야는 반야가 아니요 그냥 반야인 것이요
구름바다를 물바다라고 하노니
뜻만 따지지 말고 마음도 통하거라
물안개 낀 호수의 아침경치를 부처와 거니노라.

불지촌(佛地村)을 향해서

바라(波羅)란 인도 말을 그대로 음역한 것입니다. 부처님의 세계
란 뜻으로 고와 낙이 없는 극락세계를 말합니다. 저 언덕, 피안(彼
岸), 이상세계, 불국정토, 극락세계, 낙원세계 전부를 말합니다.

불지촌(佛地村)을 가보셨습니까? 부처님이 사는 세계가 불지촌
입니다. 그 곳은 죽지도 않고, 태어나지도 않고, 또 고와 낙도 없고,
미운 사람과 예쁜 사람도 없습니다. 우리는 불지촌에 가야 됩니다.
이 불지촌이 저 언덕, 바로 바라입니다.

모래를 쪄서 밥을 지을 수는 없습니다. 이와같이 돈만 벌면 잘
살것이라고 생각하는 사람은 모래를 쪄서 밥을 짓겠다는 사람과
같습니다. 출세해서 대통령되고 장관되어야 잘 산다고 생각하는
사람도 모래를 쪄서 밥을 짓겠다는 사람과 같습니다. 얼굴이 예뻐
야 행복해진다는 사람도 마찬가지입니다. 이것은 틀림없는 사실
입니다. 모래를 쪄서 밥을 짓지 못하듯이 얼굴만 예뻐서 행복할 수
없고, 돈만 벌어서도 잘 살 수 없으며, 명예만 높아져서도 잘 살 수
가 없습니다. 자식이 있기에 행복하다는 사람도 다시 생각해야 합
니다. 이것도 모래를 쪄서 밥을 짓는 것과 같습니다.

앞에서 말씀드린 것만으로는 진정으로 잘 살 수 없다는 것을 확
신해야 합니다. 돈 벌어서 잘 살아보아야겠다 거나 출세를 해서,
아들을 키워서, 얼굴 예뻐져서 잘 살아보아야겠다고만 생각하는

사람은 다시 한 번 생각해 봐야 합니다. 남편 믿고 부인 믿고 잘 살아 봐야겠다는 사람도 다시 생각해야 합니다. 이것만으로 잘 살 수는 없습니다. 일시적으로 잘 살 수는 있어도 영원히 잘 살 수는 없습니다. 부처님께서 왕위에 올라 잘 살 생각을 했다면 그 위를 헌신같이 버리고 구도자가 되었겠습니까?

잘 살기 위해서는 반야를 공부해야 합니다. 반야라야 불지촌에 갈 수 있습니다. 불지촌이라는 이상세계를 향해서 '반드시 그 곳에 가야겠구나' '성불제중해서 잘 살아야겠구나' 하는 방향을 정해서 사는 사람과 '돈 벌어서 잘 살겠다'고 생각하는 사람은 다릅니다. 부처되는 마음공부로 '불지촌에 가서 잘 살아야겠다'고 생각하면 자식농사, 명예농사도 잘 되고, 돈도 더 잘 벌게 됩니다.

그런데 돈만 벌려고 생각하는 사람은 돈도 잘 벌리지 않을 뿐 아니라 그 돈으로 인해서 눈물 흘릴 날이 옵니다.

제가 자주 쓰는 우스갯소리가 있는데 '사랑은 눈물의 씨앗'이라는 말입니다. 돈을 사랑하면 돈 때문에 울 것이고, 명예를 사랑하면 명예 때문에 울 것이고, 재주를 사랑하는 사람은 재주 때문에 울 것입니다. 우리가 정말로 영원히 잘 살려면 불지촌을 향해서 가야 합니다.

불지촌에 가려면

여러분들이 불지촌을 꼭 가야되는데 교통편이 필요하겠지요.

반야용선으로 가야 합니다. 돈 가지고도 못 가고, 명예 가지고도 못 가는 곳이 바로 그곳입니다.

불경에 보면 '니불(泥佛)은 불도수(不度水)하고, 즉 진흙부처님은 물을 못 건너가고, 목불(木佛)은 불도화(不度火)하고, 즉 나무부처님은 불을 못 건너가고, 또한 쇠부처님은 용광로(鎔鑛爐)를 못 건너간다.' 라는 말이 있습니다.

무슨 부처로 극락세계를 갈 수 있습니까? 그것은 심불(心佛), 즉 마음부처입니다. 마음부처는 어떤 것이겠습니까? 지금 마음부처를 보고 계십니까? 지금 마음이 편안하시면 바로 부처입니다. 그런데 지금 누가 나에게 욕을 해도 마음이 편안하시겠습니까? 마음이 편치 않으면 부처가 병든 것입니다. 간혹 마음이 아름다워 음악의 선율 속에 가릴 때가 있습니다. 그 때는 부처가 안개 속에 가린 것입니다. 지금 마음이 편안한 것처럼 어느 때, 어느 곳에서든지 마음이 편안해야 합니다. 부처님이란 다른 분이 아니고 바로 이런 분입니다.

세상에서 성공한 사람은 여러 가지 요인이 있겠지만 대개 목적의식이 철저한 사람입니다. 이들은 일정한 목표를 정해서 앉으나 서나 놀 때나 일할 때나 그 목표를 생각하고, 말하고, 실천합니다.

이렇게 하면 그 목표는 달성됩니다. 여러분도 '불지촌(佛地村)을 향하여 가리라. 나의 이상은 부처님이 되는 것이다' 라는 서원으로 반야공부를 열심히 하면 결국 부처가 됩니다. 부처되려는 서원으로 살면 늘 은혜가 함께하여 현실적인 돈, 명예, 권리 등도 소유할 수 있는 이치가 있습니다.

저 언덕을 향하여 쉬지 말고

밀다(密多)는 '이른다' , '도착한다' 또는 완결형으로 '도착했다' '그 자리' '저 언덕에 도착을 했다' 는 뜻이 있습니다. 여기서 '밀다' 는 도착하기 위해 지금 노를 저어서 가고 있다는 뜻입니다. 그곳을 향하여 노를 저어간다는 것은 수행을 의미하고, 우리가 하고 있는 마음공부를 말합니다.

밀다는 진행형으로 해석하는 것이 바람직합니다. 지금 우리는 밀다, 즉 불지촌을 향해서 반야용선을 타고 노를 저어서 가고 있습니다. 지금 우리가 반야심경을 공부하는 것 자체가 저 언덕을 향해서 힘차게 노를 저어 가고 있는 것이라고 할 수 있습니다.

여러분! 쉬지 말고 저 언덕을 향해 가고 또 가다보면 우리가 만나는 첫 번째 언덕이 있습니다. 특신급(特信級)이라는 조그마한 언덕입니다. 여기에 머무는 사람들은 세속적인 가치관에서 불법에 대한 가치관으로 바뀐 사람들입니다. 여기에는 불법을 좋게 여기는 인연 있는 중생들이 있습니다. 이 분들은 부처님 공부를 불경이나 한 두 번 읽고 교당이나 절에 한 번씩 다니며 좋아하는 정도가 아니라 확실한 믿음을 내서 마음공부를 시작하고 보시공덕을 쌓고 계율을 지키고 부처님 사업에 열심히 동참하는 분들입니다.

거기에 가면 법동지들이 마음공부하는 것을 눈으로 보고 귀로 듣고 '아! 나도 저렇게 가면 되겠구나' 하고 안심이 됩니다. 특신급이라는 언덕에 닿으셨는지요? '이렇게 마음공부를 하면 저 언덕으로 갈 수 있고 이 법으로 하면 잘 살 수 있겠어. 세상에서는 이 법을 몰랐는데 이 법으로 하면 되겠어' 하면 특신급이라는 언덕에 닿으신 것입니다. 그런데 특신급이라는 언덕만 가지고는 '남의 불에게 잡는 격' 입니다. 나의 신심이 약해지면 부처님이 켜 놓은 자비의 법등도 덩달아 내 눈에서 어두워지는 것입니다. 때문에 이 언덕에 이른 사람은 도반(道伴)과 늘 함께 하고 스승님의 품안을 벗어나지 말고 옆도 보지 말며 열심히 공부해야 합니다.

항마(降魔)의 언덕

그렇게 가다보면 푸른 초원이 있는 언덕, 항마라는 언덕, 즉 법강항마(法强降魔)라는 언덕이 나옵니다. 그 언덕에 가보면 큰 초원이 있습니다. 좋은 언덕이죠. 그곳에 닿으면 '아! 이렇게 편한 것을 나는 그렇듯 괴롭게 살았구나' 하고 안도의 숨을 내쉬게 되고, 마치 고향땅을 밟은 듯 편안함을 느끼게 됩니다. 그런데 법강항마라는 언덕에 가도 가끔은 속에서 나쁜 것이 장난을 합니다. 그렇지만 그것을 내 마음대로 할 수 있습니다. 이 경지는 '너, 그러지 마라' 하고 자기 스스로 엄중히 꾸짖으면 마군이 없어집니다. 정도에 과한 탐욕심(貪心), 일이 안될 때 화내는 마음(瞋心), 남을 속이고 나를 속이는 마음(痴心)을 삼독심(三毒心)이라고 하는데 항마의 언덕에 닿은 사람은 바로 이런 마음을 항복받은 것입니다. 수도인이 공부하여 이 항마의 경지에만 이르러도 큰 경사입니다.

항마의 언덕이라도 마군이 완전히 없어지는 것은 아닙니다. 가끔 삼독심이 머리를 내밀 때가 있습니다. 금강경에 일왕래(一往來)라는 말이 있습니다. 나쁜 마음이 한 번씩 왔다 갔다 합니다. 법강항마하신 법사님들도 나쁜 마음, 구질구질한 마음이 들어왔다 나갔다 합니다. 이럴 경우 옛날식으로 하면 '큰일 났구나. 내가 공부를 잘못했구나.' 하는데, 원불교식으로 하면 '너 그러면 안돼' 하고 곧 항복 받아서 내 마음대로 됩니다. 이 때부터는 마음이 자유롭고 내가 나를 믿을 수 있게 됩니다.

교무님이나 법동지들을 만나면 마음이 즐거운데, 시장에 나가면 욕심도 나고 믿을 수가 없는 경우가 있지요. 그렇기에 특신급이라는 언덕은 불안합니다만, 법강항마라는 언덕에 와보면 좋은 구슬

이 천지입니다. 그러나 그 속에 잡초가 있습니다. 하지만 스스로 잡초를 뽑아낼 수 있는 힘이 있습니다. 여러분은 어디까지 오셨습니까?

법강항마한 사람은 그에게 돈을 맡겨도 돈 때문에 죄 지을 일이 없고, 예쁜 여자가 가까이 있어도 문제가 없는 사람입니다. 그는 칼을 쥐어 주어도 좋은 일에만 쓰지 나쁜 일에는 쓰지 않는 사람입니다. 이렇게 항마만 해도 편안합니다. 매사에 '세상은 반드시 법대로, 진리대로 되지' 하면서 안심합니다. 누가 시비를 걸어와도 '할 만큼 하면 그만 두겠지' 하고, 내가 좋지 못한 일 어려운 일을 당하면 '내가 힘써 노력해도 안되는 것은 전생의 업인가보다' 하고 받아버립니다. 이처럼 늘 편안해서 손해가 나지 않습니다.

법강항마만 해도 대단합니다. 그러나 이 법강항마 언덕에 머물면 그 사람의 법력(法力)은 몇 사람밖에 수용할 수가 없습니다. 보다 많은 사람을 태우고 항해하지는 못합니다. 그러므로 완전한 불지촌은 아닙니다. 이곳을 중간 기착지라 생각하면 됩니다. 더 너른 곳으로 항해를 하다보면 더 큰 언덕이 있습니다.

출가위(出家位)와 여래위(如來位)

그 큰 언덕은 출가위(出家位)라는 언덕, 그리고 여래위(如來位)

라는 언덕입니다. 그곳에 가면 완전히 도착한 것입니다. 그러므로 여러분들께서 반야용선을 만들어서 특신급은 지내오셨으니, 항마 언덕, 출가언덕, 여래라는 언덕을 향해서 쉬지 않고 계속 가야합니 다.

　항마위의 언덕에 사는 분은 네 것, 내 것이 분명히 있으며 선과 악에 대한 구분이 분명합니다. 그런데 출가위 여래위가 되면 너와 내가 없이 일체생령을 한 권속으로 여기고 세계를 내 집 삼아 마음 보가 광대무량해 집니다. 그리고 그 분은 언제나 극락심에 살아서 늘 반야로 새 생활을 하며 반야를 공기 마시듯이 활용합니다. 그런 데 그곳에 혼자 가려하면 안됩니다. 옆에 도반이 있어야 됩니다. 옆에 스승이 있어야 도착하기가 용이합니다.

　스승님을 모시고 저 언덕을 향해서 가셨으면 좋겠습니다. 가고 가면 닿을 수 있습니다. 쉬지 말고 계속 공들이고 공들이면 그 자 리에 반드시 도착하게 됩니다.

　지금, 우리가 인생을 살면서 돈 버는 정도만 공을 들여도 부처의 인격을 이룰 수 있을 것입니다.

　돈 버는 사람의 얘기를 들어보니 고생이 이만 저만이 아니더군 요. 잠도 제대로 못 자고, 밥도 제대로 못 먹고, 마음이 안맞는 사 람한테도 아쉬운 소리 해야하고, 젊은 사람한테 창피 당하는 수모 도 견뎌야 하고…. 그래서 돈을 벌기 위해서는 가슴으로 넘어오는 쓸개도 삼킨답니다. 그 분들 말을 들으면서 우리가 돈 버는 정도

의 공만 들여도 부처 안될 사람이 없겠다는 생각을 했습니다.

여러분! 돈 버는 일에도 공을 들여야 하지만 부처되는데도 공을 들여야 합니다. 돈 버는 일이나 부처되는 일이나 공들이는 이치는 같습니다. 부처되는 도리를 깨치면 돈 버는 도리를 알게 됩니다. 그러므로 반드시 밀다, 즉 오늘도 저 언덕을 향해서 가고 내일도 저 언덕을 향해서 가고, 쉬지 말고 계속 공을 들이면 반드시 저 언덕에 이를 것입니다.

이것을 수도(修道)라고 하며, 마음공부를 한다고 하며, 적공(積功)한다고 합니다.

지금 여러분은 어디를 향해서 가고 있습니까? 저 언덕, 그곳을 향해서 가고 있습니까? 혹시 잘못 가고 있다면 빨리 용감하게 방향만 바꾸면 됩니다. 가다가 간혹 유혹에 빠져 중도에 그만두고 싶은 경우가 있지만 바로 자각하여 부처님이 정해준 그 길로 또 가면 됩니다.

핵심적인 공부길

심경(心經)은 중심되는 경전이라는 의미입니다. 마음 심(心)자는 중심입니다. 경전은 길입니다. 반야바라밀다로써 저 언덕으로 건너가는 것이 공부길 중에 가장 중심되는, 가장 올바른, 그리고 빠른 경전이라는 뜻입니다.

부처님 경전을 많이 보면 부처님 되기가 더 어려울 수가 있습니다. 무슨 말인지 알겠습니까? 불가에서는 경다반미(經多反迷)라는 말이 있습니다. 이 말은 경전을 이것저것 많이 보면 더 어리석어져서 부처되기가 어렵다는 뜻입니다. 이 사람이 이 말 하고 저 사람이 저 말 하면 이리 갈까 저리 갈까 혼란스럽습니다. 그러다 부처님 법 바다에 빠져서 허우적거리는 사람이 참으로 많습니다. 경전이나 조사들의 법문은 자신들의 체험에서 그때그때 중생들의 형편을 따라서 그들을 이해시키기 위해 말씀하신 것입니다. 그러므로 나의 입장에는 안 맞을 수 있을 뿐더러 오히려 그 말씀이 공부에 방해가 되는 수도 있습니다.

여러분이 공부할 때 핵심을 잡고 꾸준히 해야 합니다. 이렇게 하는 것을 일러 공부길을 잡았다고 합니다. '이렇게 마음공부를 하면 저 언덕에 도달하겠구나' 하는 마음공부 요령, 즉 중심을 확실하게 잡고 공부를 해야 하는데 이것이 심경의 뜻입니다.

그런데 경전이라는 물통에 빠져서 나오지 못하는 사람이 많습니다. 팔만대장경이 있다 해도 사람들이 어디로 들어갈 줄을 모릅니다. 그것을 다 공부하려면 일생을 해도 힘듭니다. 설령 공부를 했다 하더라도 언제 실천을 할 수 있겠습니까? 그래서 간추려 요점을 잡아 공부를 해야 합니다. 그기 위해서는 법이 있는 스승을 만나서 구전심수(口傳心受)로 직접 정도에 맞게 법문을 받들고,

그것에 표준하여 수행 정진하는 길이 가장 빠를 수 있습니다. 이것을 '공부길 잡았다' 고 합니다. '아! 이렇게 공부하면 되겠구나' 하는 중심축이 반드시 서야 합니다. 이 중심축이 서야 요긴한 공부길을 잡았다고 할 수 있습니다.

가도 그 자리요 와도 그 자리로다
오지도 가지도 않는 그 마음자리
메아리도 머물지 못하는 골짜기여
이른 봄 백매화(白梅花)는
정녕 설화(雪花)가 아니로다.

2

반야의 서품

觀自在菩薩~度一切苦厄

제2장
반야의 서품

觀自在菩薩이 行深般若波羅蜜多時에
照見五蘊皆空하야 度一切苦厄이니라.

관자재보살이 평소에 부처님의 법문을 받들고 열심히 수행 정진하여 공부가 매우 깊어졌습니다. 그 공부의 깊은 경지에 다다른 것을 예로 들어서 반야 법문을 하게 되었습니다. 본인의 경험을 예로 들어서 반야 도리를 설명하게 되었는데 이것을 예시품(例示品)이라고 할 수 있습니다.

이 반야의 서품만 정확하게 깨달아도 반야심경 전체를 아는 것과도 같습니다. 그러므로 이 품을 이해하는 데 정성을 쏟아야 합니다.

觀自在菩薩 行深般若波羅蜜多時

1. 관자재보살이 속 깊은 반야의 마음공부로써 낙원세계
   인 저 언덕에 도달하려는 수행에 정진할 때에

2. 관자재보살이 반야의 마음공부에 발심하여 선정과 지
   혜와 자비가 충만한 불보살이 되기 위하여 반야심(般若
   心)의 한 까닭을 잡고 대적공(大積功)을 할때에

자비보살 관세음보살

관자재보살은 보살의 한 이름입니다. 불교에는 여러 보살이 있
습니다. 관자재보살, 문수보살, 보현보살, 대세지보살, 지장보살
등 입니다.

관자재보살은 관세음보살, 관음보살이라고도 합니다. 자비가 충
만하신 보살로 중생제도를 자유자재로 한다는 뜻으로 관자재보살
이라고 하고 또는 천수 천안 관세음보살이라고도 합니다. 천개의
눈을 가지고 중생의 괴로운 마음을 살피고 천개의 손을 가지고, 중
생의 아픔을 다 어루만져 주시며 자비로 중생을 제도해 주시는 보
살입니다. 민중불교신앙에 있어서 관자재보살은 자비, 어머니, 관

용, 용서 등으로 상징되는 신앙의 대상으로 등장하기도 합니다. 마치 기독교에서 마리아가 자비와 용서, 관용 등 사랑의 상징으로 신앙대상의 일부인 것처럼 불교에 있어서 관자재보살의 신앙성은 큰 의미가 있습니다.

관자재보살은 역사적으로 실존인물이라는 설, 혹은 실재는 아니고 부처님의 자비로운 인격을 분화신으로 표현하는 상징적 인물이라는 두 가지 설이 있는데 이 장을 보면 실재인물이었을 것이라고 생각합니다.

관음이시여 중생의 애달픈 소리 들음이시여
자비의 마음 시방에 가득하고 남는 도다
묻노니 소리 없는 소리는 무엇이 듣는가
허공중에 달이요 달 가운데 허공이로다.

내 마음속에서 반야를 찾아

행심반야바라밀다시(行深般若波羅蜜多時)는 '관자재보살이 마음공부를 아주 깊이 할 때에' 라는 뜻입니다.

관자재보살이 자기가 공부하였던 것을 회상하면서 예를 들어 설명하신 것입니다. 행심(行深)은 마음공부를 깊이 행할 때에, 속 깊은 마음공부를 할 때에 라고 풀이 할 수 있습니다. 관자재보살이 먼저 불연을 만나서 신심을 내고 공부해야겠다는 발심을 하여 마음공부에 적공할 때가 바로 행심입니다.

절의 벽화를 보면 대개는 석가모니 부처님이 보리수 아래에서 속 깊은 공부를 하실 때에 수많은 마군의 유혹을 물리치는 장면이 있습니다. 이 그림도 사실은 부처님의 마음속에 있는 마군을 보여 주는 것입니다. 이렇게 법 있는 마음과 마군이 싸우는 그 때를 행심(行深)공부라 할 수 있습니다.

예수님도 광야에서 40일간 기도하면서 속 깊은 마음공부를 하며 수많은 마군을 물리쳤을 것입니다. 예수님 역시 행심공부(行深工夫)를 했을 것입니다. 원불교에서는 법마상전공부를 할 때입니다. 이 고비는 모든 수도인이 넘어서야 할 고비입니다.

속 깊은 반야공부란 무엇이겠습니까? 앞에서 설명하였듯이 반야는 우주와 만물, 사회와 인생을 지배하는 진리를 말합니다. 이 진리는 모든 사물에 다 포함되어 있습니다. 그러므로 이것을 밖에서 구하기는 어렵습니다. 가장 가까운 나의 마음속에서 이 반야를 찾아 활용하여 번뇌 망상을 없애고, 욕심을 제거하여 자비심과 지혜와 해탈심을 길들여 저 언덕인 부처를 이루어 가는 과정을 속깊은 반야공부라고 합니다.

이와 같이 반야를 마음속에서 찾고 단련하기 때문에 반야공부를 마음공부라고 할 수 있는 것입니다.

불법(佛法)에 발심 해서 부처님처럼 마음공부를 잘 하겠다고 생각하면 먼저 각자의 마음속을 성찰하는 공부를 해야 합니다. 나를 괴롭히는 것이 있음을 읽어야 합니다. 마음속에는 나를 괴롭히는 마군(魔軍)이 있고, 나를 이익되게 하는 것이 있습니다. 법마상전 공부를 하면 자기 마음속의 좋은 것과 나쁜 것을 구별하는 지혜가 생깁니다.

제 친구 중에 다른 친구들을 비양심가라고 말하는 친구가 있는데 그 친구 본인은 양심가라고 생각합니다. 그는 아버지께서 법 없어도 살 사람이라고 늘 말씀하셨다며 스스로 양심가라고 합니다. 그 친구를 보면 스스로 본인의 속을 들여다보지 않아서 그렇다는 생각을 합니다. 우리 스스로도 속을 들여다 볼 때 아닌 마음을 보게 되면 부끄러움이 생깁니다.

참 마음과 거짓 마음이 싸워

저 역시 원불교에 입문하기 전에는 제가 제일가는 양심가인 줄 알았습니다. 그러다가 원불교를 만나서는 스스로 부끄럽기 시작했습니다. 어느 때는 제 마음이 시궁창 같았습니다. 자기 마음을 들여다보면 시궁창 같은 마음이 있습니다. 이 더러운 마음 중에도 나를 좋게 만들고 인생을 값있게 만드는 종자가 있습니다. 살려야 될 마음과 없애야 될 마음을 잘 볼 수 있는 혜안(慧眼)이 생겨야 합니다.

이러한 혜안이 생기면 일을 당할 때 마다 어느 곳에서나 자기 마음을 살펴서 욕심이 치성하면 그것을 좋은 마음으로 길들이거나 제거하는 등 끝까지 법다운 마음을 세워서 마군의 마음을 이기려는 각고의 노력을 하게 됩니다. 마치 외국의 침략을 받으면 침략군과 전쟁을 할 때 죽느냐 사느냐 끝까지 정신을 놓지 않아야 하듯이 법이 승리하는 그 날까지 마음을 놓지 않고 수도 적공하는 때를 행심, 즉 속 깊은 마음공부를 하는 때라고 할 수 있습니다.

여러분은 지금 싸우고 있습니까? 싸움이 끝났습니까?

행심이라는 말은 마음속에서 마군과 정당한 마음, 즉 정심(正心)이 편을 갈라 치열하게 다투어서 50~60%쯤 정의가 이기는 때입니다. 또 정심쪽이 질지라도 진 줄을 압니다. 이런 때는 싸움을 하느라고 몸에 살이 안 오른다고 합니다.

법마상전공부(法魔相戰工夫)를 할 때는 늘 괴롭습니다. 속에서 마군이 일어나서 '너 부처되지 마라' 고 방해를 합니다. 자꾸 유혹하고 말립니다. 이러한 마군에는 세 종류가 있습니다.

마군을 물리쳐야

　주로 인연마군(因緣魔軍)입니다. 사랑하는 사람, 미워하는 사람들이 반야공부를 방해합니다.

　그리고 육신마군(肉身魔軍)이 있습니다. 자꾸 아프거나 욕심이 일어나서 부처되는 것을 방해합니다.

　다음은 번뇌 망상의 마군(心中魔軍)입니다. 우리 마음속에는 별별스런 마음이 자리 잡고 있습니다. 예컨대 취미생활을 즐기는 마음, 편안함을 추구하는 마음, 좋은 기억 싫은 기억 등이 있어서 가치관의 혼란을 일으키고 부처되는 것을 방해합니다.

　공부를 하지 않을 때는 이러한 마군이 있어도 발견하지 못하고 마군의 권속이 되어서 마군이 하자는 대로 따라서 합니다. 우리는 마군이와 늘 같이 있으면서도 이를 눈치채지 못하고, 또 막상 공부를 하려고 하면 마군이 더욱 발동하여 공부인을 괴롭히는 경우도 있습니다. '이 경계를 넘기는가, 못 넘기는가.' 이때가 매우 중요하며 '성자가 되느냐, 영원히 범부중생으로 남느냐'의 분수령이라 할 수 있습니다.

마음속의 마군

부처되는 길을 방해하는 마음속의 근본적인 마군(心魔)을 세 가지로 구분하면 탐심(貪心), 진심(嗔心), 치심(癡心)입니다.

인간은 탐욕심의 노예가 되기 쉽습니다. 이 때문에 형제간에 싸우고 부부간에 원수가 되기도 합니다.

또 사람들은 욕심을 채울 수 없거나 자신의 뜻대로 되지 않으면 화를 냅니다. 이러한 성질 때문에 우정도 아름다운 사랑도 끊어집니다. 이것은 진심의 결과입니다.

분노로 인해 죄를 짓는 경우도 허다합니다. 사리판단을 잘못하여 어리석거나 잔재주 때문에 남을 속이고 그에 따라 치심이 나옵니다.

이와같이 중생은 삼독심의 노예가 되어, 부림을 받고 살면서도 그것을 인식하지 못합니다. 속 깊은 마음공부란 이러한 마음속의 삼독심(三毒心)을 제거하는데 재미를 붙이고 삼독심을 완전히 뿌리 뽑는 공부에 열중할 때를 말합니다. 이를 행심(行深)공부라고 합니다.

이런 말씀을 드리면, 발심을 안하신 분은 무슨 말인가 하고 이해하기 어려울 수도 있지만 발심을 하신 분들은 '아! 내 마음상태를 저렇게 이야기하는 구나' 하고 생각 할 것입니다.

누가 하소연하기를 '전에는 나하고 참 친한 사람이었는데, 요즈음 나를 화나게 한다. 오늘 아침에도 그 사람이 화를 돋우어 그것을 참으려니 속에서 단내가 나더라' 고 했습니다. 단내는 분을 못 삭여서 나는 냄새입니다. 이것을 참으려니 얼굴도 빨개지고 살이 빠지는 것 같다며 말하기를 '교무님! 항마하기가 이렇게 어렵습니다.' 하고 말을 했습니다.

　관자재보살께서 이 행심공부를 할 무렵에 아마 법과 마가 치열하게 싸우는 공부를 하셨을 것입니다.

照見五蘊皆空 度一切苦厄

1. 형상 있는 형색(形色)과 형상 없는 정신작용인 수상행식(受想行識)이 모두 텅 비어 있는 자리를 비추어 보고 고통과 역경으로부터 해탈하였나니라.

2. 형색(形色)있는 육신과 만물 그리고 형상으로는 나타나지 않으나 분명히 있어서 갖가지 정신작용을 하는 —즉 경계를 받아들이며(受) 생각하고 판단하여(想) 행동으로 옮기고(行) 그것이 경험으로 남아 앎을 일으키는(識) 등 — 색수상행식의 다섯가지 모임체가 모두 텅 빈 반야의 자리에 바탕하여 있음을 비추어 보고서야 마음 고통과 밖으로부터의 재난을 극복하는 자유를 얻었나니라.

무심처를 알면 견성한 것

이 구절은 '오온을 조견하니 모두 공(空)했더라. 탐진치로 인해 생긴 일체의 고통과 불행으로부터 건넜다. 구제가 되었다' 는 뜻입니다. 오온을 조견하니 오온이 모두 공했다는 것은 무심처(無心處)를 깨달은 것, 즉 견성한 것이라 할 수 있습니다. 반야자리를 척 알아버린 것입니다. 그리하여 그 반야자리를 깨달음으로써 도(度)

일체고액이라, 고통과 불행으로부터 자유로워졌다는 의미입니다.

행심공부, 즉 수도 정진할 때에 힘이 되는 것은 스승의 호념과 지도, 도반(道伴)의 합력이지만 결정적인 것은 스스로 반야를 깨달은 힘이라 할 수 있습니다. 행심공부를 할 때 자신을 괴롭히는 것으로 아만심, 습관, 그리고 유혹을 받아들이는 욕심이 있습니다. 이러한 마군의 뿌리를 송두리채 뽑아버릴 수 있는 견성(見性)의 체험과 청정심을 배양한 심력(心力)이 없다면 괴로움과 불행을 이길 수 없습니다. 그러므로 수도 정진하여 얻게 된 반야의 발견을 '오온이 공한 줄 알았다' 하는 것입니다.

앞에서 말한 깊은 공부를 할 때, 즉 참 마음과 거짓 마음이 서로 싸울 때 오온이 공한 이치를 알았기 때문에 참 마음이 거짓 마음을 이길 수 있는 것입니다.

다섯 가지 쌓여 있는 것

오온(五蘊)은 다섯 가지 쌓여 있는 것입니다. 온(蘊)은 쌓여 있다. 농축, 집적(集積)되어 있다는 뜻입니다.

색온(色蘊)은 눈에 보이는 모든 것을 말하는데 주로 육신을 말합니다. 이 육신은 나와 부모가 합작으로 만들어 놓은 은혜의 덩어리이며 업의 덩어리이며 영혼이 사는 집으로 지수화풍의 자연 요소를 빌려서 모아놓은 것입니다.

　우리가 태중에 있을 때는 조그마한 점에 불과할 정도의 작은 몸이었지만, 지수화풍이 어우러진 음식과 호흡을 통해 현재의 이 몸으로 성장되었습니다. 그런데 전생의 업으로 인하여 불균형한 몸으로 태어나기도 하고, 또는 지금의 잘못된 습관으로 병을 앓거나 불구의 몸이 되기도 합니다. 우리는 몸이 완전치 못하거나 병이 들면 거기에서 일천 가지의 고통이 생깁니다. 또 몸이 약해서 오는 괴로움도 있지만, 몸이 너무 건강하여 육신 기운의 발동으로 죄악을 저질러서 괴롭기도 합니다. 온갖 욕심은 육신의 욕망에서 비롯된 것이지요.

　여기서 잠깐 생각해 볼 일은 우리들 몸 안에는 영혼이라는 주인공이 있습니다. 생각하고 말하고 행동하는 그 마음, 그 정신이 '나'라는 영혼입니다. 근본적 '나' 인 영혼이 몸의 주인이지요. 몸은 영혼의 머슴과 같은 것입니다. 예를 들면 승용차가 있어도 승용차 안에 운전자가 있어야 차를 움직이는 것과 같습니다. 우리들의 몸은 승용차와 같고 승용차를 전후좌우로 움직이는 것은 바로 '나' 인 영혼인 것입니다.

　범부중생은 지수화풍으로 이루어진 이 몸을 '나' 라고 생각하고 집착함으로, 이 몸으로 인해 괴로움이 태산과도 같습니다. 그래서 범부에게는 이 몸이 고(苦) 덩어리요 근심덩어리입니다.

　수도인, 불보살들은 몸속에 있는 '나' 인 영혼을 주인으로 여기고

몸을 머슴처럼 생각하여 몸을 법있게 관리하여 고(苦)를 줄일 줄
도 알고, 설사 고가 오더라도 마음까지 아프지는 않게 합니다. 범
부는 몸만 알지, 영혼은 식별하지 못하기 때문에 몸이 마음을 부리
는 결과가 되어서 더욱 괴로움이 가중되기도 합니다.

수상행식(受想行識)은 마음작용, 정신작용의 모든 것을 말합
니다.

수온(受蘊)은 경계를 받아들이는 것, 또는 모든 정보를 받아들이
는 것입니다. 수(受)는 이 몸의 주인인 영혼이 만들어 놓은 여섯 가
지 기관인 안이비설신의(眼耳鼻舌身意) 육근이 그 대상인 색성향
미촉법(色聲香味觸法)의 육경으로부터 감각하여 받아들이는 모든
것을 말합니다. 즉 즐거움을 감수하고, 괴로움을 감수하고, 즐겁지
도 괴롭지도 않은 것을 감수하여 무형한 마음에 감각한 경험들을
쌓아 모아놓은 것입니다. 그래서 이것을 감수 작용이라고 합니다.
감수 작용은 '나' 인 영혼이 육신과 정신으로 구성해 놓은 육근(六
根)을 통해 외부환경으로 조성된 육경을 감수하는 정신작용인데,
눈으로는 각종 색깔과 모양을 받아들입니다. 귀로는 각종 사물에
서 나오는 고저장단의 소리를 받아들입니다. 코로는 냄새를, 입으
로는 각종 맛을, 몸으로는 각종 부드러움과 따뜻함과 차가움 등의
감촉을 느껴서 받아들입니다.

이렇게 몸이 주체인 오근(五根-眼耳鼻舌身)이 받아들인 것을 정
신작용의 하나인 의식이 있어서 그것들(五根)을 통합하여 저장하

게 됩니다. 음식을 먹을 때에 눈으로 보고, 코로 냄새 맡고, 입으로 먹으면서 맛을 식별하지요. 오근(五根)이 따로 따로 작용하여 받아들인 것을 통하여 접수하는 것이 의식입니다.

의식이 어떤 감각을 받아 들일때, 자기의 욕망과 일치하는 것이 들어오면 그 경험을 축적하여 두곤 합니다. 이 감수한 것이 축적되어 있다가 다음에 그 소리가 감수되면 즐거운 마음이 나옵니다. 그런데 요구하는 것이 감수되지 않으면 괴로워집니다. 그리고 어떤 색깔에 대하여 손해 보았던 경험이 쌓여 있으면 그런 색깔에 대하여 이익여부를 불구하고 괴로워합니다.

또 클래식 음악을 좋아하는 사람들 중에는 가끔 요란스러운 대중음악이 들려올때면 괴로움을 느끼는 사람도 있습니다. 물론 반대로 작용하기도 하지요. 그러니까 클래식이나 대중음악 그 자체가 괴롭거나 즐겁거나 한 것이 아니라 내가 감수하여 온 수온(受蘊)에 따라서 고락이 나타나는 것입니다. 범부는 이런 이치를 알지 못하고 자기가 감수한 습관 때문에 괴로워지고, 불보살은 이런 이치를 알기 때문에 감수하는 습관을 잘 길들일 뿐만 아니라 그 감수 자체를 조절할 줄 알기 때문에 고락에 자유로울 수 있는 것입니다.

상온(想蘊)은 생각하는 것, 수온에 의해서 받아들인 모든 것을 그림으로 그려보고 이해하는 것을 말합니다. 시비, 선악, 선후 등을 판단하여 행동으로 옮기도록 하고 생각으로 머물게도 합니다. 즉 감각기관을 통하여 받아들인 정보를 분석하고 종합하여 갖가지 생각을 하는 것입니다.

이 상온을 마음의 그림이라고 하여 표상작용(表象作用), 또는 지각작용(知覺作用)이라고 합니다. 사람의 마음처럼 복잡하고 복합적인 것이 없습니다. 이것은 우리들 영혼이 자기의 삶을 풍요롭게 만들기 위하여 표상작용을 하기 때문입니다.

예컨대 친구가 죽었다는 소식을 전해 들으면 바로 마음에는 그 친구와의 정다웠던 추억, 야속했던 기억들이 한 편의 영화처럼 펼쳐져 지나갑니다. 또 그와 관련된 주변을 상상하고 나와의 친분 정도를 헤아리며 조문을 가야할지, 안가야할지를 유추하게 됩니다. 참으로 복잡한 생각들입니다.

이러한 생각들이 모아진 것을 이념, 사고방식이라고 합니다. 저 사람은 감상적이다, 물질적이다, 소극적이다, 적극적이다 또는 서구적이다, 동양적이다 라고 하는 것이 사고방식입니다. 이러한 사고방식도 결국 마음작용이 어느 쪽으로 선호하여 작용했느냐에 따라서 하나의 습관으로 굳어집니다. 범부는 자기가 만들어 놓은 마음의 감옥에서 벗어나지 못하고 창살이 없는 사고방식의 노예가 됩니다.

가령 민주주의 신봉자들은 비민주적인 것을 견디지 못합니다. 자기 자신이 만들어 놓은 틀에 갇혀서 살기 때문에 괴롭습니다. 그런데 불보살은 이런 이치를 알기 때문에 사고의 틀을 잘 만들뿐만 아니라 자기가 만들어 놓은 틀에 구애가 되지 않아서 자유롭습니다.

행온(行蘊)은 상온(想蘊)으로 생각한 것을 행동으로 옮기는 의지작용(意志作用)입니다. 즉 의지력을 말합니다. 판단을 하고도 해야겠다는 마음을 지탱해 주는 의지작용이 없으면 행동을 할 수 없습니다. 반야심경공부를 해야겠다는 판단을 했어도 실천이 안 될 수 있습니다. 실천하는 과정, 의지작용을 행(行)이라 합니다. 또한 행온은 하고자 하는 욕망을 실현시키기 위하여 기존의 생각을 모으기도, 욕망을 극대화시켜 현실에서 실천해가는 과정을 말하기도 합니다. 범부는 자기의 의지와 목표대로 되지 않으면 환경을 탓하면서 괴로워합니다. 불보살은 자기 자신의 목표를 정당하게 세움으로써 그것을 순리자연하게 이뤄가는 무위자연의 추진력이 있습니다. 그리고 때와 장소에 맞지 않으면 곧 거두어서 그것으로 인하여 속 깊게 괴로워하지는 않습니다.

식온(識蘊)은 마음의 모든 인식작용(認識作用)으로, 육근으로부터 받아들이는 것을 일으키는 광범위한 분별심입니다. 또한 분별심으로 인하여 행동으로 실천을 하고 난 뒤에 쌓이는 경험적인 것이 모여서 조성된 업식을 말합니다. 조금 전에 상온을 설명하였습니다만, 상온은 비교적 금생(今生)에 수온에서 그것이 동기가 되어 이런 저런 생각을 하는 것이며, 여기 식온은 수온과 상온과 행온 등의 경험을 통하여 만들어진 관념들이며 의식화된 이념입니다. 상온과 식온은 다소 중첩되기도 하지만 상온이 현상적인데 비해, 식온은 광범위하며 숙세에 발달된 업식으로 이해할 수 있습니다. 그리고 수상행식은 독자적이 아니고 상호연결된 정신작용으로 이해해야 합니다.

업식의 작용

우리 인간에게 주체가 되는 것은 몸이 아니라 영혼입니다. 영혼은 자기 자신의 삶을 꾸려가기 위하여 끊임없이 광범위한 분별을 일으킵니다. 일상의 행동에서 뿐만 아니라 꿈속에서도 끊임없이 번뇌를 일으킵니다. 그리고 이러한 번뇌들이 뭉쳐서 업식(業識)이 됩니다. 이 업식은 의식의 수면 아래로 가라앉아 있다가 일정한 시기와 연(緣)을 만나면 의식의 수면위로 떠오릅니다. 그렇게 떠오른 의식이 중심이 되어서 새로운 행동을 하게 됩니다. 그리고 이러한 행동은 다시 또 새로운 업식을 만들어 의식의 수면 밑에 저장하곤 합니다.

범부는 끊임없이 분별심과 의식화된 관념에 시달리며 업식을 저장하고, 그리고 업식이 의식의 수면 위에 떠오르면 업식의 노예가 되어서 자유를 잃고 고통 속에 헤매이게 됩니다. 불보살은 수련을 통하여 분별심을 반야심으로 바꾸고 관념들을 가치있게 수정할 줄을 알고 업식으로부터 벗어나서 자유롭게 활동하게 됩니다.

이러한 수상행식 전체를 정신작용, 마음작용이라 합니다. 여기에서 제일 중요한 것은 식(識)입니다. 식이 있어서 과거 경험한 모든 것을 다 모아 두었다가 그것이 주가 되어 경계를 받아들입니다.(受) 받아들이고 난 다음에 바로 '저것은 나쁜 것 혹은 좋은 것' 등으로 분별심을 일으켜서, 우리들이 행동 할때 중심 작용을 하게 합니다.

이러한 식이 많이 쌓여서 굳어져 있는 현생의 것을 의식이라 하고, 전생의 것을 업식(業識)이라 합니다.

우리에게도 각자 업식이 있습니다. 가령 어떠한 사람이 신김치를 잘 먹는다 하더라도, 그가 처음부터 잘 먹은 것은 아닐 것입니다. 한 번 먹고 두 번 먹고 하다 보니 신김치만 들어오면 '좋다. 신김치는 맛이 있다' 는 식(識)이 여러 번 쌓여 습관이라는 업이 됩니다. 이 습관, 즉 업이 마음바탕에 쌓여 업식이 됩니다.

육신이라는 색온 속에 영혼이 있고 영혼은 네 가지 수상행식의 작용을 하는데, 그 작용 중 제일 문제는 업식입니다. 이것이 전생과 후생을 연결합니다.

오온(五蘊)을 비추어 보다

관자재보살이 반야바라밀다의 마음공부로 깊은 적공을 들일 때에 오온이라는 것을 비춰보았습니다. 내 고통과 불행이 어디에서 오는가를 잘 살펴보았더니 그것은 오온, 즉 업식 때문에 생긴 것이 었습니다. 밖의 것이 아니라 내 마음에 쌓여있는 욕심, 습관, 가치관, 집념 때문이었습니다.

우리의 마음바탕이라는 운동장에는 여러 마을의 아이가 와서 장난하며 놉니다. 그리고 나를 괴롭히기도 합니다. 육신마을에서 온 아이들은 '땡~' 하고 12시가 되면 '밥 주세요' 하고 투정을 부립니다. 식욕뿐만 아니라 색욕, 안일욕 등을 끊임없이 일으킵니다.

업장마을에서 온 아이들은 조용하다가도 어느때가 되면 여지없이 달려나와 습관처럼 마음운동장을 뛰어 다니기 시작합니다. 전생에 성격이 급했던 사람은 급한 성격이 나오고, 게으름을 피웠던 사람은 게으른 마음이 나옵니다. 이것이 나를 괴롭게 만드는 고(苦)의 원인입니다.

관자재보살은 내게 괴로움을 주는 이 오온을 비추어 봅니다. '내 육신의 근본이 무엇인가? 내 마음의 업보따리는 무엇인가'를 잘 비추어 봅니다. 이렇게 비추어 보았더니 나에게 고통을 주는 실체가 모두 공허하다는 것을 깨달은 것입니다.

조견(照見)을 하니까 '다 공(空)이더라. 무엇이 없더라. 탐심 진심 치심 또는 육신 때문에 생기는 욕망, 업으로 인하여 생기는 습관도 모두 텅 비었더라. 지금까지 괴로움을 생산하였던 오온이 다 공(空)했더라. 모두 텅 빈 그곳에 반야라는 실상자리가 있더라.' 하신 것입니다. 이것은 바로 반야를 깨닫는 것, 본성자리를 견성한 것입니다. 본래 공한 한 소식을 얻은 것입니다. 이렇게 되면 그 깨달은 힘으로 자신을 괴롭히는 욕심번뇌를 없애는 능력이 출중해집니다.

달마대사의 법통을 이은 혜가(慧可)스님이 스승을 찾아가서 "제 마음이 불안(不安)합니다. 이 마음을 편안하게 하여 주소서." 라고 말씀드리니, 달마대사가 "너의 불안한 마음을 가져오너라." 하였습니다. 혜가스님이 마음속의 불안한 마음을 찾아보았으나 찾을 수가 없었습니다. 그래서 "불안한 마음을 찾을 수가 없습니다." 하니 달마대사가 "내가 너의 불안한 마음을 없애고 편안토록 하였도다" 하니 드디어 혜가스님은 마음의 안심처인 탐진치가 없는 본래마음을 깨닫게 되었습니다.

괴로운 마음, 즐거운 마음은 참 마음이 아닙니다. 참 마음은 무엇이라 말로 할 수 없는 텅 빈 반야마음입니다.

육신은 본래 없었고

여기서 우리가 매일 먹이고 씻기고 아끼는 육신을 돌아 봅시다. 60세가 되지 않은 분의 60년 전은 현재의 육신이 없는 상태였습니다. 그 없는 것이 바탕입니다. 또 앞으로도 죽고 나면 마찬가지로 지금의 육신은 없어집니다. 사실은 지금도 없어져가는 과정에 있습니다. 모든 존재는 처음부터 있는 것이 아니라 없는 것에서 시작했고 없는 것으로 돌아갑니다.

그래서 정견(正見)을 해야 합니다. 있는 것을 살펴보면 사실은 없어져 가는 과정입니다. 우리는 죽어가고 있습니다. 있다는 것은 없다는 것과 늘 함께하고 있습니다. 한꺼번에 없어지기도 하고 점점 없어지기도 합니다. 없는 것과 있는 것은 별 차이가 없습니다.

본래 육신은 지수화풍으로 인연가합(因緣假合)입니다. 우리의 소중한 육신은 본래 없는 것에 바탕해 있습니다. 지금 이 순간도 우리의 육신은 끊임없이 죽음을 반복하며 없어져 가는 과정을 밟고 있습니다. 이렇듯 우리가 애지중지하는 육신이 순간순간 없어져 가고 있는 진리를 알면 육신으로 인한 고통은 확실히 줄어들 것입니다.

그런데 변화의 원리는 무엇일까요?

그것은 바로 인과보응의 이치, 음양상승의 이치, 반야의 조화입니다. 우리는 이것으로 인해서 변화해 가는 것입니다. 본래 육신은 없는 것입니다. 모든 것은 없는 것에 바탕해 변화해 갑니다.

우리는 육신 때문에 받는 고통이 많습니다. 육신의 미추, 건강 등으로 인하여 수많은 고통을 받습니다. 그런데 이 육신이 현재 죽어가고 있다는 것을 확실하게 알고, 변화의 배후에 반야의 원리가 있다는 사실을 알면 그 고통은 많이 경감될 것입니다.

사람은 무적(無的) 존재

다음은 정신작용이 공(空)하다는 것을 말씀드리겠습니다. 앞에서 정신작용을 수상행식의 네 가지 과정으로 설명한 바 있습니다. 우리의 의식 세계는 경계를 따라서 일시적으로 모아진 것입니다.

누군가를 좋아하고 미워하는 마음은 내가 만들어 놓은 것입니다. 우리 마음나라에는 여러 가지 업식이 있는데 경계 따라 있어진 것이며 어느 기간 동안만 있는 것이지 본래 있는 것은 아닙니다. 그래서 마음은 텅 빈 것입니다. 이것이 무(無)이고 공(空)입니다.

이처럼 텅 빈 것을 공으로 설명하는데 이 공에 대하여 두 가지 견해가 있습니다. 그 하나는 석공관(析空觀)입니다. 석공관은 '현상을 유심히 관찰하여 해석을 해보니 비었더라. 즉 해석을 해보니 모든 것은 무적존재(無的存在) 이더라. 본래 있던 것은 하나도 없고 인연 따라 모아진 것' 이라는 뜻입니다.

서울 남산로에 있는 여러개의 돌과 수억만개의 먼지들과 나무들이 모두 점점 모여서 만들어진 것이지 본래 있었던 것이 아닙니다. 여러분의 몸도 그렇고 분별심도 다 없는 것 위에 모아놓은 것입니다. 이렇게 모여 만들어진 것은 또한 늘 변화하여 없어져 갑니다. 없는것에 바탕하여 이합집산하는 것을 안다면 세상의 근심과 걱정은 훨씬 축소되고 달관된 생각을 갖게 됩니다.

또 공을 다른 각도에서는 체공관(體空觀)으로 설명합니다. 체공관은 '내 마음바탕을 살펴보니 텅 비었더라' 는 관점입니다. 한마음이 나오기 전의 마음상태는 어떤 상태일까요? 모든 것이 시작되기 전의 상태는 무적(無的) 상태입니다.

산천에는 초목들이 무수히 있습니다. 봄에 피어나 여름에 무성한 초목의 이파리들은 가을을 지나 겨울이 되면 다 떨어져 없어지고 결국 땅만 남습니다. 우리들의 마음속에도 갖가지 마음이 생겨서 머물다가 변하여 결국 없어집니다. 모든 분별망상이 없어지면 심지(心地)가 확실하게 드러납니다. 이것을 곧 마음바탕, 공(空)이라고 합니다.

우리 의식작용의 뿌리를 이루고 있는 것은 '나' 라는 생각입니다. '나' 라는 관점에서 사물을 보고 해석하고, 이에 따라 희로애락의 감정이 생겨납니다. 이 '나' 라는 관념 이전의 마음이 우주심(宇宙心)이며 절대 무아심(無我心)입니다. 이 자리를 가리켜 공이라 할 수 있습니다.

마음공부를 깊이 할 때에는 법다운 마음과 몹쓸 마음이 싸움을 하게 됩니다. 금강경에서는 몹쓸 마음을 '항복받아야 할 마음' 이라고 했습니다. 법다운 마음과 욕심이 대결하여 싸울 때에는 스승의 알뜰한 호념과 도반들의 도움이 있어야 합니다. 그래야 끝까지 투철한 정신으로 마군과 싸워 이길 수 있습니다. 이렇게 괴로워하며 수행정진 하다보면 '마군의 근본이 본래 공하였구나! 우리가 법다운 마음이라고 중시하여 생명처럼 여겼던 모든 좋은 마음도 텅 비었구나!' 하는 것을 깨닫게 되는데, 이것을 견성이라 합니다.

견성이란 '성품을 본다. 본래의 마음원리를 안다' 는 뜻입니다.

우리는 마음공부를 깊이 할 때, 스승에게 배우고 경전으로 배우고 생각을 궁굴려서 불성을 익힙니다. 하지만 이렇게 배워서 아는 것만으로는 실천할 수 있는 힘이 나오지 않고 진리를 알았다는 확신을 얻기가 어렵습니다. 반드시 수반되어야 하는 것이 의두(疑頭)입니다. 의두를 공안(公案), 화두(話頭)라고도 합니다.

넘어야 할 산

교리공부를 하거나 법문을 듣다 보면 모르는 것이 가로막는 경우가 있고 스승이 화두를 주기도 합니다. 대종사님은 바로 이 의두가 대각의 열쇠라고 하셨습니다. 원불교 교전에는 이 의두를 20가지로 가려 뽑아 놓았습니다. 이 20가지 외에도 불교에는 1700공안, 나아가 더 많은 화두도 있습니다.

의두는 독실한 신앙심과 공부하려는 진지함이 있는 사람이라면 반드시 생깁니다. 일단 의심이 생기면 남에게 들어서 알고, 책을 보고 알기도 하지만 그래도 납득이 되지 않는 것이 있습니다. 알 것 같으면서도 알 수가 없는 정말 근본적인 의문으로 커진 의두는 '자신이 넘어야 할 산' 이 되어 앞을 턱 가로막고 버팁니다. 그래서 잠 잘 때도, 잠에서 깨어나서도, 밥 먹을 때에도 틈만 나면 의두가 나타나서 '왜 그런가? 이 뜻이 무엇인가?' 하는 의문에서 한시도 빠져나가지 못하게 합니다.

이러한 의두로 일관하다가 우연한 기회에, 혹은 법문을 듣다가, 혹은 자연현상을 보다가 홀연히 깨닫게 되어 확실하게 그 의문을 해결하게 됩니다. 이렇게 알아지는 것이 여러 차례 반복되기도 합니다. 사람에 따라서는 상당 기간이 지나 해결되기도 하고 또다시 의문에 쌓여 다시 해결하는 등의 견성과정을 겪을 수도 있습니다. 그러다가 틀림이 없는 경지에 이릅니다.

스승의 감정

이렇게 견성을 하게 되면 반드시 해야 할 일이 있습니다. 바로 스승에게 감정을 받는 일입니다. 스승에게 감정을 받지 않고 스스로 깨달았다고 착각하여 일을 그르치는 사람이 종종 있습니다. 진지하고 일관된 노력으로 빈 마음, 본래 마음을 확실하게 깨달아야 합니다. 이렇게 하여 확실하게 깨닫게 되면 마치 바다를 건너는 사람이 나침반을 얻은 것 같고, 건축하는 사람이 설계도를 얻은 것과 같습니다. 또한 이 깨달음으로 인하여 속 깊은 수행정진을 할 때에 나의 앞길을 가로막는 탐심·진심·치심을 항복받을 힘이 생겨서 결국 마군을 나의 손아귀에 넣기도 하고, 없애기도 하고, 조절하기도 하고, 승화시키기도 하는 능력이 생기게 됩니다.

견성은 마치 싸움터에 나가는 군인이 성능이 좋은 무기를 갖춘 것과 같습니다.

본래 마음, 빈 마음은 무엇이라 할 수 없는 마음이며 있다고도 없다고도 할 수 없는 진공묘유(眞空妙有)의 마음입니다. 부처님도 이 마음 하나를 얻기 위해서 고행을 하셨고 대종사님도 이 도심(道心) 하나를 얻기 위해서 고행하셨습니다. 모든 수행인들도 이것 하나를 얻고 나면 그 후로 공부가 쉽고 수도인의 능력이 생기게 됩니다.

이 마음을 모르는 사람은 정진하여 얻어야 합니다. 이 마음을 스스로 얻지 못하면 근원적으로 '저 언덕'에 닿을 수 없고 극락에 들 수가 없습니다. 본래 이 마음을 모르면 착한 사람은 될 수 있어도 성인(聖人)은 될 수가 없습니다.

과거도 털고 허물도 공덕도 털어버리나니
심당(心堂)에는 홀로 심경(心鏡)이 더욱 빛나네
묘하고 묘하네 눈두덩이 위에 눈썹이요
절묘하고 절묘하네
식구(食口)위에 비공(鼻公)이로다.

참 마음을 기르는 공부

관자재보살이 깊은 마음공부를 할 때에 우리에게 괴로움을 주는 몸과 마음이 본래 텅 비어 있다는 것을 조견하여 건성하였습니다. 그리고 끊임없이 본래 마음을 찾아 텅 비우는 양성(養性)공부를 하였습니다. 만약 본래 자리를 알고도 닦지 않았다면 고액(苦厄)을 벗어날 수 없었을 것입니다. 행심 공부를 하고자 할 때 정신수양공부(精神修養工夫)를 하지 않을 수 없습니다. 이것을 보림(保任)공부라고도 합니다.

여러분! 마음공부를 할 때 빈 마음이 됩니까? 상대가 나를 죽인다고 하든 예쁘다고 하든 텅 빈 마음이 될 수 있습니까?

작용할 때에 걸림이 없어야 합니다. 걸림이 있으면 텅 빈 것이 아닙니다. '화를 실컷 내고 나니까 오히려 뒷맛이 써!' 라는 사람은 걸림이 있는 것입니다. 빈자리를 아는 사람은 마음을 텅 비울 줄 알아야 하고, 행동을 하되 그 행동으로 인해 걸리지도 않아야 합니다. 이러한 사람은 빈자리를 잘 수련해서 닦았다고 할 수 있습니다.

착한 사람은 착한 것에 걸리기 쉽습니다. '나는 착한데' 하는 생각 때문입니다. 교양이 있는 사람은 교양이 있다는 생각 때문에 쓸데없이 많은 행동을 하게 되는 경우가 있습니다. 이런 경우는 교양이 걸림돌이 되기도 합니다.

마음공부를 하는 사람이 고요할 때는 마음이 텅 비어서 극락의 경지에 머물렀지만 만약 선악의 경계를 만나 환란에 빠진다면 참으로 마음공부를 잘 했다고 할 수 없습니다.

원망심이 발동하면 그 마음을 비추어 녹여 낼 수 있느냐 없느냐가 중요합니다. 참회문에는 '죄는 본래 마음으로부터 일어난 것이다'라고 했습니다. 마음은 탐·진·치심의 용광로입니다. 그러나 자성의 혜광으로 탐·진·치심에서 벗어날 수 있습니다. 불같이 일어나는 욕심을 조견해서 씻어내야 합니다. 이것이 법력입니다. 이것이 안 되면 저 언덕으로 건너갈 수 없습니다. 녹여내고 씻어내는 수양력이 있어야 합니다. 이렇게 끊임없이 닦고 녹임을 계속하면 언제든지 본성을 떠나지 않는 생생한 마음을 소유하게 됩니다. 이렇게 수양을 하여 반야를 소유하면 바로 그것이 반야용선입니다.

모든 괴로움으로부터 벗어나

도(度)는 '항마를 했고 또한 여래(如來)가 되었다는 것입니다. 마군을 이겼다. 자기가 자기구원을 했다. 고(苦)의 근원을 없앴다.'는 뜻입니다. 육신에서 일어나는 욕심은 승화시키기 어렵습니다. 그것은 없애기가 힘듭니다. 나오고 또 나옵니다. 육신에서 나오는 번뇌망상을 승화시키는 능력, 돌릴 줄 아는 능력을 도(度)

라 합니다.

또한 도(度)란 쉴 줄 안다는 뜻도 담고 있습니다. 도(度)란 일체의 고(苦)로부터 벗어난 것입니다.

'조견오온개공 도일체고액'은 관자재보살이 '반야바라밀다의 속 깊은 마음공부, 법마상전의 마음공부를 할 때 오온이 다 공한 자리를 깨달아 보시고, 일체의 고통으로부터 해탈을 했다.'는 말씀으로 요약할 수 있습니다.

텔레비전에서 와이키키 해변의 파도타기를 본 적이 있습니다. 파도타기를 잘 하는 사람은 파도가 거셀수록 더 재미있게 타는 것을 볼 수 있었습니다. 인생살이도 마찬가지입니다. 고통의 파도가 와도 즐거운 마음으로 잘 넘기고 즐거운 파도는 즐거운 대로 잘 넘겨서 멋지게 운전할 수 있어야 합니다. 반야용선을 만들지 못한 사람은 고통의 파도, 즐거움의 파도, 괴로움의 파도가 오면 푹 빠져서 '건져주! 살려주!' 하고 외칩니다.

우리 모두 반야바라밀다공부를 많이 해서 자기에게 있는 반야용선을 잘 관찰하시고 이 반야용선을 힘 있게 운전해 갑시다.

나그네여 나그네여 그대 이만 쉴지어다
그대 속의 빈 의자에 앉거라
거울을 보거라 보검을 잡을 지어다
봄날 궁노루의 저 꿈에서 깰지어다.

3

반야의 진리품

舍利子~不垢不淨 不增不減

있는 것과 없는 것은 다르지 않다

무엇이 변하도록 하는가 / 있는 것과 없는 것은 하나이다

온갖 마음도 부처이다 / 반야진리의 모양은 텅 비어 있다

반야진리의 나이는? / 반야진리는 절대가치의 세계

반야진리는 수량이 없다

제3장

반야의 진리품

舍利子야 色不異空하고 空不異色하며
色卽是空하고 空卽是色이라 受想行識도
亦復如是로다 舍利子야 是諸法空相은
不生不滅하고 不垢不淨하며 不增不減이로다.

우주를 성주괴공으로 변화시키고 만물을 생노병사로 변화시키는 실상인 반야의 진리를 설명한 부분입니다.

제자 가운데 교리적인 지혜가 으뜸인 사리자를 불러서 형색으로 표현할 수 없는 반야의 자리를 현상과 대비하여 설명하였고, 또 그 자체의 여러 가지 성격에 대하여 설명한 반야심경의 중심이며 본론에 속하는 부분입니다.

舍利子 色不異空 空不異色 色卽是空 空卽是色
受想行識 亦復如是

1. 사리자야! 온갖 괴로움을 일으키는 현상인 색과 허공
   같은 반야가 서로 다른 것이 아니며, 허공인 반야와 형
   색인 현상이 서로 다르지 않으며, 형색이 있는 현상이
   바로 허공과 같은 반야이며, 허공인 반야가 바로 삼라만
   상의 현상과 둘이 아닌 것이니라.
   일체의 정신작용인 경계를 감수하여 생각하고 행동하
   며 경험으로 쌓인 알음알이도 모두가 허공과 같은 반야
   의 진리와 다르지 않으며 곧 반야의 진리 그것이니라.

2. 사리자야! 형상을 나타내 보이는 현상과 형상이 전혀
   없는 반야의 진리가 서로 다른 것이 아니며, 반야의 진
   리가 형상없이 비어 있으나 현상을 떠나서 따로 있는 것
   이 아니며, 현상과 진리는 둘이 아닌 것이며, 텅 비어서
   무어라고 말할 수 없는 반야의 진리와 천지자연의 형형
   색색으로 나툰 것이 모두 다 반야의 진리인 것이요, 일
   체의 마음 작용인 경계를 받아들이고(受), 그것을 생각
   하여 판단하고(想), 그것으로 마음을 써서 행동하고
   (行), 경험이 쌓여서 의식(意識)으로 남아 있는(識)등의
   정신현상도 진리 반야를 떠나서 있을 수 없고, 정신현상
   자체가 곧 반야 자체인 것이니라.

사리불(舍利佛)은 부처님 10대 제자 중 지혜 제일이라 일컫습니다. 사리불은 반야에 정통하였으며 교리적인 지혜가 출중하신 분입니다. 아란존자는 다문제일(多聞第一)로써 법문을 가장 많이 들으신 분이고, 수보리는 해공제일(解空第一)로써 공도리(空道理)에 대해서 가장 잘 아는 분입니다.

금강경은 공도리를 주로 설명한 경전이기 때문에 부처님께서 수보리를 불러서 대화의 대상으로 여기어 경의 말씀을 전개하였습니다.

이 반야심경은 공도리에 바탕하여 교리를 설파하셨기 때문에 교리공부에 출중한 사리불을 불러서 설명하셨을 것으로 생각됩니다.

관자재보살이 많은 청중가운데 사리자를 부르시며 '나는 오랫동안 오온이 개공한 그 자리를 깨쳐 이렇게 공부하였다' 며 예를 드셨습니다.

색(色)이란 유(有)로, 우리 육신이며 천지만물 자연현상입니다. 공(空)이란 무(無)로 변화이며 없는 것, 보이지도 않고 잡히지 않는 반야, 진리를 말합니다. 자연이나 마음의 모든 현상을 크게 두 가지로 구분하면 '있는 것' 과 '없는 것' 으로 대비하여 설명할 수 있습니다.

사람의 마음은 경계를 따라서 생깁니다. 잘 생긴 사람을 보면 '참

아름답다. 취(取)하고 싶다'는 생각이 일어나게 됩니다. 그리고 소유하고 싶은 마음이 지속되다가 다른 사람과 비교하게 되면 생각이 바뀔 수 있습니다. 더욱 아름답다고 생각할 수도 있고, 그렇지 않다고 생각할 수도 있습니다. 생각은 달라집니다. 그러다가 완전히 소멸됩니다. 이것을 생주이멸(生住異滅)이라고 합니다. '생(生)하여 주(住)하는 것을 색이다'라고 합니다. '이(異)와 멸(滅)은 없다'라고 말할 수 있습니다.

만물은 인연이 모여서 태어나고 늙고 병들고 죽기를 반복합니다. 또 천지자연이라는 큰 덩치도 마찬가지입니다. 산이 화산으로 인하여 이루어져서 오랫동안 머물다가 풍화작용으로 인하여 또 달라져 마지막에는 소멸되어 없어집니다. 이 경우에도 성주(成住)는 색으로 '있는 것'이며, 괴공(壞空)은 공으로 '없는 것'이라 할 수 있습니다.

자연현상을 생각해 보면 있는 것은 없는것에 바탕해서 있는 것이고, 없는 것은 있는 것을 전제로 하여 없는 것입니다. 모든 있는 것은 쉬지 않고 없어져 가고 있습니다. 없는 것은 쉬지 않고 무엇으로든지 채워지고 있는 변화의 상태입니다.

이 자리에 70세 된 사람이 있다고 할때, 70년 전에는 없던 분이 부모와 영혼이 인연되어 몸을 나투었고, 70년을 머물고 있는 것입니다. 그리고 한 30년 쯤 뒤에는 이 육신이 또다시 없어질 것입니다. 우리가 긴 시간 단위로 생각해서 70년 전, 30년 후로 구분하지만 미세한 시간으로 사물의 변화를 관찰하면 실제 있는 것과 없는 것은 한 몸입니다. 우리는 지금 이렇게 있습니다만 지금도 끊임없이 찰나도 쉬지 않고 없어져 가고 있습니다.

지금 없는 공간이 있다고 하면 그 없는 공간도 다른 곳에 있는 것들로 끊임없이 채워져가고 있습니다. 여기에 골짜기가 있다고 하면 그 골짜기는 텅 빈 공간입니다. 그러나 그 공간은 끊임없이 다른 것으로 채워져가고 있습니다. 그리하여 오랜 세월이 지나면 그 빈 공간이 다른 것으로 채워져서 결국 골짜기도 없어지고 말 것입니다. 그래서 있는 것인 색과 없는 것인 공은 다르지 않다는 것입니다. 이 세상은 없는 것과 있는 것이 서로 섞여져 가고 있는 변화의 과정으로 파악할 수 있습니다. 우리나라는 대통령에 당선되면 대통령의 권력을 5년 동안 소유하게 됩니다. 5년의 권력이 있는 것이지만 그 권력은 취임식을 시작하면서 벌써 하루하루 없어져가고 있습니다. 그러므로 있는 것은 없는 것과 다르지 않다는 것입니다.

중생들은 있는 것과 없는 것이 변화하여 다르지 않다는 사실을 알지 못하고 살기 때문에 있는 것에 속아서 있으면 즐거워하고 집착하며, 없으면 슬퍼하고 괴로워하며 위축되어 낙망하고 삽니다. 모르는 사람은 있고 없는데 놀아나고 속아서 그에 울고 웃는 인생의 연속입니다.

얼마 전, 외국을 다녀오신 분이 저에게 전기면도기를 선물로 주셨습니다. 선물을 받고 보니 그 면도기가 너무 좋아 보여 차마 쓸 수가 없어서 잘 보관하였다가 다른 분에게 선물로 드렸습니다. 몇 달이 지난 뒤에 어떤 분이 저에게 다시 그 면도기를 선물해 왔습니다. 알아보니 그 면도기가 다섯 사람을 거쳐서 다시 저에게 돌아온 것이었습니다. 이와 같이 있는 것은 돌고 돌아 주인을 바꾸면서 장소를 옮기며 있다가 없어지고, 없다가 있어집니다.

이 세상 모든 것, 천지만물, 사람, 물질, 사상, 아이디어, 공산품 등은 영원한 주인이 없고 영원한 소유자가 없습니다. 있다하더라도 잠시 나에게 머무는 것뿐입니다. 우리는 그것이 나에게 잠시 머물다가 때가 되고 인연의 힘이 약해지면 결국 나를 떠나 다른 곳으로 옮기는 것임을 알아야 합니다. 이러한 이치를 무상(無常)의 이치라고 합니다. 우리는 이 이치를 정견(正見)해야 합니다.

무상, 변화하는 이치, 즉 색불이공 공불이색(色不異空 空不異色)의 이치를 알면 인생이 훨씬 더 편해집니다. 이렇게 편해지면 변화하는 현상에서 해탈하기가 쉽습니다. 돈은 있다가도 없어지고 없다가도 노력하면 생기기도 하는 자연스러움을 터득하게 됩니다. 권력도 마찬가지입니다.

하지만 자신이 정성을 들여 투자를 많이 해서 얻는 것은 자신에게 오래 머물고, 정성을 덜 들이고 시간과 투자를 적게 하면 그 있는 것이 짧다는 사실도 알아야 합니다. 큰 노력 없이 번 돈은 유흥비로 쓰는 경우가 많다고 합니다. 반면에 온갖 정성과 노력으로 번 돈은 함부로 쓰지 못한다고 합니다. 정당한 노력을 하면 그 있는 것이 지속되고 그러지 못하면 그 있는 것이 쉽게 없어지는 이치도 이에 비유할 수 있습니다.

'색불이공 공불이색(色不異空 空不異色)' 이라는 법문에서 우리는 모든 사물은 일정한 주인이 없이 늘 변화하고 있으니 있고 없는 것에 집착하지 말고 담담한 심정으로 해탈을 해야 한다는 가르침을 얻어야 합니다. 아울러 자신에게 오래도록 함께 해야 하는 것은 끊임없이 투자를 해야 된다는 사실을 명심하시기 바랍니다.

무엇이 변하도록 하는가

모든 것은 변화한다고 말씀드렸는데 무엇이 있어 변화를 시킬까요? 무엇이 있어 강물을 흘러가게 하고 바람을 불게하고 나를 늙어가게 하고 죽어가게 할까요? 재산도 권리도 오래도록 머물렀으면 좋겠는데 그렇지 못한 것은 무슨 이유입니까? 바람이 왜 붑니까? 공기의 이동이 바람인데 왜 이동합니까? 바람은 추운 곳에서 더운 곳으로 더운 곳에서 추운 곳으로로 이동합니다. 겨울에는 추운 곳에서 더운 곳으로 이동합니다. 이를 북풍이라 합니다. 여름에는 더운 곳에서 추운 곳으로 이동합니다. 이를 남풍이 분다고 합니다. 바람은 무엇을 따라서 왔다갔다 할까요? 더운 것과 추운 것에 의해 왔다갔다 합니다.

변화하는 것은 그냥 변하는 것이 아닙니다. 이유가 있습니다. 어떤 이치가 있기 때문에 그렇습니다. 색불이공 공불이색은 현상의 변화하는 것을 표현한 것입니다.

현상이 현상되도록 하는 이치에 대하여 이어서 설명하겠습니다.

있는 것과 없는 것은 하나이다 色卽是空 空卽是色

몸과 현상은 바로 텅 비어 있는 반야이며, 텅 빈 반야의 진리가 바로 몸과 현상입니다. 삼라만상이라는 색과 반야라고 하는 공은 따로 떨어져 있는 것이 아니라 합쳐져 있습니다. 현상 속에 진리가 있고 진리 속에 현상이 있습니다.

제가 들고 있는 이 염주가 아래로 떨어지려 합니다. 왜 그럴까요? 무거운 것은 아래로 떨어지는 이치가 있습니다. 이 이치가 보입니까? 보이지 않지만 분명히 이치가 있다고 말합니다. 안보이니까 공(空)입니다.

남태평양의 뜨거운 물이 북쪽으로 갑니다. 왜일까요? 음은 양을 향해서 양은 음을 향해서 가는 이치 때문입니다. 여자는 남자를 남자는 여자를 좋아합니다. 이것이 이치입니다. 이 이치가 보입니까? 보이지는 않습니다. 그렇지만 이치가 없다고도 하지 않습니다. 이 이치는 뭐라고 말할 수도 없고 보이지도 않기에 공(空)이라 합니다.

이 보이지 않는 이치의 주소를 아십니까? 이것은 삼라만상 모든 현상 속에 다 들어 있습니다. 빵을 만들 때 반죽 속에는 밀가루라는 현상과 공이라 할 수 있는 물이 다 들어 있습니다. 밀가루라는 색과 물이라는 공을 진리라 한다면 밀가루 반죽 속에 이치가 들어 있습니다. 현상에 진리가 다 내재해 있습니다. 요즈음에는 빵모양도 다양합니다. 긴 것, 짧은 것, 여러 가지 색 등 실로 많습니다. 어린이가 좋아하도록 집 모양의 빵도 만들고, 심지어 짐승이나 악마의 형상으로 만들기도 합니다. 이처럼 현상으로는 빵이 여러 가지 모양이나 모두 하나같이 빵으로 통합니다. 현상은 천지자연 산하대지가 있으나 이것을 조정하고 변화하도록 하는 것을 공(空), 반야, 법신, 일원이라고 합니다.

일원상 진리는 어디에 있습니까? 현상 속에 있습니다. 대종사님께서는 처처불상 사사불공이라 하셨습니다. 모든 현상이 다 부처라 하셨습니다. 이 부처는 열반하신 석가모니불을 가리키는 것이 아니라 만물속에 다 있는 반야의 진리불(眞理佛)을 뜻합니다.

부처님 당시 지바라는 의사가 제자에게 '산천을 돌아다녀 약이 안 되는 풀을 하나 찾아오라'고 했습니다. 그러자 제자는 '약이 안 되는 풀은 없다'고 답했죠. 이에 지바는 제자에게 의사될 자격을 인정했습니다. 삼라만상 전체에 모든 진리반야가 다 들어 있습니다. 진리가 없는 삼라만상은 없습니다.

이(異)는 다르다는 뜻인데 여기서는 변화를 설명합니다. 이것과

저것 둘이 있는데 그 둘은 다르지 않다는 의미입니다. 즉(卽)은 똑같다는 설명입니다. '이것이 그것이다. 하나로 붙어있다' 는 의미입니다. 그래서 산하대지와 선악귀천이 다 이치덩어리이며, 법신이며, 반야이며, 여래입니다.

이러한 진리를 깨달은 사람을 '도를 통하였다' 고 합니다. 이 이치의 바탕을 이루고 있는 것을 진공(眞空)이라 합니다. 진공은 '비어 있으되 참으로 비어 있다' 는 뜻입니다. 진공에는 비어 있으면서도 모든 것을 가능케 하는 묘유(妙有)의 이치가 있습니다. 이것을 진공의 체성, 묘유의 작용이라고도 합니다. 진공의 체성을 불생불멸의 진리라고도 하고 묘유의 작용을 인과보응의 이치라고도 합니다.

공(空)도리인 반야의 실체를 확실하게 깨달으면 사물이라는 현상자리를 부처님으로 보고, 여래로 보는 안목이 생깁니다. 이렇게 되면 석가모니 부처님만이 부처가 아니라 천지자연 삼라만상이 모두 다 부처라는 것을 알게 됩니다. 그래서 만나는 모든 사람, 물건에게서 행복을 추구하는 불공을 할 수 있게 되며 사심잡념이 돈공한 체성에 합일하여 극락을 건설할 수 있게 됩니다.

온갖 마음도 부처이다 受想行識 亦復如是

수상행식 역부여시는 '수상행식도 이와 같다. 수상행식의 정신 작용도 다 텅 빈 진리다. 수상행식의 정신작용도 텅 빈 반야와 다르지 않고 그것이 바로 텅 빈 반야의 진리이다' 라는 의미입니다. 수상행식이 되는 정신작용도 잘 관찰하면 마음이 경계를 당하여 생겨서 머물다가 변해서 소멸되는 것을 반복하는 것입니다. 마치 자연현상이 춘하추동 사시순환을 따라 변화하듯 우리 마음도 그 와 같습니다. 여러분의 마음을 잘 관찰해보면 이를 잘 알 수 있을 것입니다.

주위에 국가나 상사에 대한 충성심, 부처님을 향한 신앙심, 남에 대한 애정이 오래 지속되는 사람을 간혹 접할 것입니다. 그렇게 되는 이유가 무엇일까요? 그것은 오랫동안 공들인 결과입니다. 그 마음이 오래 가도록 맹세하고 습관으로 굳어졌기 때문입니다. 작심삼일이라는 말이 있지요. 이것은 맹세의 공들임이 깊지 않은 경우입니다. 하지만 작심삼일도 계속하여 마음먹고 습관화하면 오래 가고 그 지조가 한 생, 두 생, 여러 생으로 연결되어 습관화 될 수 있습니다.

마음의 갖가지 작용을 일으키는 이치가 보이지는 않지만 우리 마음에 함께 있습니다. 그러므로 번뇌·망상·욕심의 작용도 결국 진리의 나타난 바로 일원상 진리의 작용이며, 반야의 작용이며, 법신불의 나타남 입니다. 다만 그 나타나는 작용심이 현상적으로 지금 이 장소에 맞지 않는 작용을 한 것뿐입니다. 우리는 화를 내서 태도를 분명하게 해야 할 때도 언제나 유순한 마음을 내어 사람이 답답해 하는 경우도 있습니다. 반대로 용기를 낼 자리가 아닌데도 박력 있는 행동을 하여 화를 자초하는 경우도 있습니다. 그 용기가 나쁜 것이 아니라 그곳에 맞지 않는 것일 뿐입니다.

그러므로 쓸 줄만 알면 모든 작용이 다 쓸모가 있는 반야가 됩니다. 이 세상의 모든 물건은 쓸 줄만 알면 모두 약이 될 수 있고 효용가치가 있는 것입니다.

이처럼 마음의 현상작용은 모두 공의 진리, 법신, 도, 한울님이며 내 마음에 지금도 작용하고 있습니다. 그래서 마음이 부처이고, 만물이 법신불이며, 도인 것입니다.

'부처님들이 주고받는 불심의 당처가 어디에 있습니까? 라고 물으니 어느 스님이 '뜰 앞의 잣나무이다' 라고 했습니다. 또 다른 스님은 마침 약으로 쓰려고 마뿌리를 저울로 달고 있다가 '마삼근(麻三斤)이다' 라고 답했습니다. 이 예화를 연마해 보시기 바랍니다.

역부여시(亦復如是)는 '수상행식(受想行識) 불이공(不異空)하고, 공불이(空不異) 수상행식(受想行識)하고 수상행식즉시공(受想行識卽是空) 공즉시수상행식(空卽是受想行識)' 의 줄인 표현입니다.

번뇌나 미운 마음을 낼 때 그 미운 마음, 화내는 마음, 욕하는 마음에도 진리, 법신이 들어 있습니다. '번뇌 즉 보리(煩惱卽菩提)요, 보리 즉 번뇌(菩提卽煩惱)' 입니다.

법신은 마음을 잘 관(觀)하면 볼 수 있습니다. 마음이 어디로부터 일어났으며 어디로 돌아가는가를 잘 관하면 법신을 알 수 있습니다. 삼계(三界)가 다 반야이고 진리며, 지혜의 덩어리입니다. 총체적으로 말하면 이 세계는 반야의 큰 세계라는 뜻입니다.

의두요목 중 하나인 '세존이 도솔천을 떠나지 않고 왕궁가에 내리셨고, 왕궁가를 떠나지 않고 중생제도를 마치셨다' 는 화두를 깨치면 색즉시공 공즉시색의 도리를 확실하게 알 수 있습니다.

> 과거는 지나버려 부처도 잡을 수 없고
> 미래는 오지 않아 미륵도 어쩔 수 없나니
> 지금 코앞에 이것이로다 알겠는가
> 보았거든 오직 지금만 사용할지어다.

舍利子 是諸法空相 不生不滅 不垢不淨 不增不滅

1. 사리자야! 모든 법이 텅 빈 반야의 진리는 어디로부터 태어남도 아니고 없어지지도 아니하며 더럽지도 아니하고 조촐하지도 않으며 더 늘어나지도 않고 줄어들지도 않는 것이로다.

2. 사리자야! 반야의 진리는 모든 마음작용, 삼라만상인 모든 법이 다 텅 빈 그 자체로, 그것은 어디로부터 생겨난 것도, 또한 없어지는 것도 아닌 영원한 존재이며, 더럽지도 깨끗하지도 않은 절대 가치의 자리이며, 더 늘어나지도 줄어들지도 않는 절대원만한 자리인 것이로다.

반야진리의 모양은 텅 비어 있다

시제법공상(是諸法空相)은 절대인 반야의 진리에는 제법(諸法)이 다 공했다는 의미입니다. 반야의 절대자리는 유·무, 너·나 등 모든 상대적인 것을 초월하고 또한 모두를 포함한 절대의 하나라는 뜻입니다.

법은 삼라만상을 말합니다. 삼라만상을 법(法) 한 자로 표현했습니다. 또한 법속에는 우리들의 갖가지 마음도 포함됩니다. 법 중에는 내 마음속의 예쁜 마음, 슬픈 마음을 다 포함합니다. 또 부처님의 모든 교법도 다 포함합니다. 반야의 진리는 삼라만상과 내 마음의 갖가지 욕망과 번뇌 망상이 텅 비었으되 모든 것을 총섭한 하나의 자리입니다.

금강경의 일합상(一合相), 대종사님의 일원상(一圓相)이 반야심경의 텅 빈 진리의 모습입니다. 제법(諸法)이 텅 빈 근본 자리인 공 자리는 어떤 것일까요?

세상에는 묘한 이치가 있습니다. 이 이치는 들을 수도 볼 수도 만질 수도 없는 진리입니다. 이러한 진리를 공상(空相), 공한 모습이라 합니다.

반야의 공한 모습을 몇 가지 특성으로 말씀드리면 '영원하다' '초월자이다' '무량하다' 로 표현할 수 있습니다.

반야진리의 나이는?

반야인 진리는 어느 곳에서 만들어지거나 생겨난 것이 아닙니다. 생겨나지 않았기 때문에 없어지지도 않는 영원한 존재입니다. 지구가 바뀌고 무너져도 영원히 남아있는 것이 바로 진리입니다. 법신불, 하느님은 죽지 않습니다.

보통 사람들은 시작과 끝이 있다고 생각하는 경우가 많습니다.

시작이 있기 전에 끝이 있습니다. 일년의 시작은 봄입니다. 하지만 봄 이전에는 겨울입니다. 시작과 끝이 영원히 순환하여 무궁합니다. 현상적인 것은 어디를 딱 끊어서 여기서부터 시작이고 여기까지가 끝이라고 하지만, 이것도 관념이요 약속일 뿐입니다.

일원상진리인 반야는 항상 이 천지(天地)에 그냥 이렇게 있습니다. 반야의 진리는 천지가 만들어지기 이전에도 존재하면서 다른 형태의 천지를 조성하였을 것입니다. 지금 우리는 태양계 중심의 천지 속에 살지만 이 속에도 반야의 진리는 있으며, 수억만으로도 셀 수 없는 세월이 지나가면 반야의 진리는 태양계를 부수어 없애고 새로운 형태의 천지를 만들어 낼 것입니다. 반야는 이처럼 크고 위대하며, 영원한 것입니다.

우리들은 반야의 영원한 수명 속에 살면서도 반야를 모르고 살기 쉽습니다. 우리가 진리를 깨달으면 반야의 영생을 깨닫게 되고 수도를 잘하면 반야와 같이 영원한 수명을 누릴 수 있는 능력이 생깁니다.

반야진리는 절대가치의 세계

불구부정(不垢不淨)은 우리가 생각하는 더럽고 깨끗한 것을 초월한 반야의 진리자리를 말합니다. 선과 악을 넘어선 지선(至善)

의 자리입니다. 모든 것으로부터 초월한 자리입니다. 어떤 도인이 푸줏간을 지나는데, 손님이 주인에게 '정한 곳으로 달라' 고 했습니다. 그 주인의 '어디가 정하고 어디가 더러운가' 라고 되묻는 소리를 듣고 그 도인이 절대가치인 반야심을 깨달았다는 일화가 있습니다.

불성자리는 깨끗하고 더러운 것이 없습니다. 다 초월한 자리입니다. 우리는 그 자리에 살고 있으면서도 그 자리를 모릅니다. 텅 빈 일원상 자리, 하나님 자리, 반야의 자리는 지선의 자리이고 초월의 자리입니다.

하지만 현실적으로 우리 인간은 쓰레기를 보면 더럽다고 합니다. 그러나 돼지는 그렇지 않습니다. 쓰레기 속에서 집 짓고 먹이를 구하며 사는 미물곤충은 더 말할 나위가 없지요. 우리가 생각하는 선악의 가치관, 심지어는 도와 법도 다 사람들이 만들어 놓은 관념이며 사람들만이 쓰는 기준입니다. 더럽다는 것을 각자의 입장과 현상적인 면에서 볼 때는 다 다르지만, 반야의 진리는 있고 없고 착하고 악하고 등 모든 분별을 초월한 절대가치입니다. 그러므로 우리는 이 반야를 보아서 단련해야 절대 지선의 극락에 안주할 수 있습니다. 그렇게 할 때 진정한 평등세계가 건설되고 선악을 모두 수용하는 광대한 심량(心量)이 될 수 있습니다. 우리는 반야의 절대가치를 종지로 해 그것을 믿고 인격수행의 표준으로 삼아야합니다. 그럴때 고등 종교, 고등 인물이 될 수 있습니다.

세상에서는 가장 넓은 것을 바다와 허공이라 합니다. 그러나 이보다 더 큰 것이 반야의 세계입니다. 반야는 하늘도 땅도 다 머금고 있습니다. 부처님의 마음, 성자의 마음은 크고 커서 더 클 수가 없는 광대무량한 반야를 내 것 삼으셨기에 위대하고 거룩한 것입니다.

반야진리는 수량이 없다

부증불감(不增不減)은 반야의 자리가 더 많아지거나 적어지지 않는 자리를 말합니다. 모든 만물에는 각각 반야가 더 포함되었거나 적게 포함되는 등의 차별이 있는 것이 아니라, 제 각각마다 그 진리성이 깔아 있습니다. 이를 반야의 불변성(不變性), 여여성(如如性)이라 할 수 있습니다.

범부 중생은 수량적 사고를 합니다. 나는 '많이 소유했다. 또는 저 사람이 더 많이 소유했으니 나는 저 사람보다 약자다' 라고 생각을 합니다. 때로는 자신보다 적게 소유한 사람을 보고 무시하기도 합니다. 세상에서 영원히 자기 소유로 할 수 있는 것은 없습니다. 모든 것의 진정한 소유자는 반야의 진리입니다.

반야의 진리가 천지자연을 품에 안고 소유하고 거느리는 것입니다. 이처럼 반야의 진리는 삼라만상을 소유한 부자이면서도 자신의 소유를 헤아려 본 일이 없습니다. 너무 커서 자기 혼자뿐이기 때문입니다. 그런데 이 반야의 진리는 어느 물건에나 똑같이 섞여 있습니다.

반야는 언제 어느 곳에서나 고르게 함께하는 여여불변(如如不變)한 존재입니다. 그래서 삼세의 부처님이나 성자는 그 마음이 여여하여 모든 중생에게 여여하게 대해 주십니다. 이처럼 반야는 여여해서 변하지 않습니다. 이렇듯 진리는 영원한 것, 지선한 것, 여여해서 변하지 않는 것입니다.

진리를 찾으려면 어떻게 해야 할까요? 진리는 어디에나 있지만 내 마음에서 찾는 것이 가장 좋습니다. 마음은 도대체 어디에 숨어 있기에 불쑥 나타났다가, 또 순식간에 사라져 버릴까요? 마음은 경계를 따라 일어났다 없어졌다 합니다. 이 마음의 바탕은 텅 비어 눈으로는 볼 수 없으나 잘 관(觀)하면 알 수 있습니다. 심지(心地), 즉 마음 땅을 볼 수 있으면 반야의 공자리를 알 수 있다고 할 수 있습니다.

지금까지 말씀드린 반야의 진리품을 정리하면서 마무리 하겠습니다.

첫째, 반야의 진리는 색과 공으로 현상적으로 나타난 유와 무의 변화가 서로 연관을 갖고 순환하기 때문에 색과 공은 다르지 않습니다. 색, 즉 유는, 유 이전에는 무였으며 지금 유인 것도 무로 순간순간 변해가고 있습니다. 그리고 공, 즉 무는, 무 이전에는 유였으며 무는 지금도 점점 유로 채워지고 있습니다. 그렇기 때문에 공과 색은 둘이 아니라는 것입니다. 그런데 이처럼 만물이 순환되는 것은 반야의 변하는 이치가 있어서 그 법칙에 의해서입니다. 우주 자연현상이 춘하추동 따라서 질서정연하게 변화하고 사회의 흥망성쇠도 보이지는 않지만 이치가 있어서 그렇습니다. 이것을 반야의 작용인 인과보응(因果報應)의 이치(理致)라고 합니다. 지은대로 받고, 주는 자가 받는 자가 되고, 받는 자가 주는 자가 되며, 가면 오고 오면 가는 이치, 노력한 만큼 돌아오는 이치가 있습니다.

둘째, 공이라는 진리의 세계, 반야의 세계와 색이라는 현상세계가 따로 있는 것이 아닙니다. 공이라는 반야의 진리는 색이라는 현상 속에 다 포함되어 있습니다. 사실은 포함되어 있는 것이 아니라 현상과 반야는 결국 같은 것입니다. 그러므로 반야는 삼라만상의 자연 그대로입니다. 삼라만상이 바로 법화(法華)이며, 불상(佛像)이며 번뇌 즉 보리인 것입니다. 이렇게 현상과 반야가 하나이므로 불생불멸의 진리라고 합니다. 불이(不二)의 진리, 인과보응의 이치를 반야의 작용이라고 한다면 상즉(常卽)의 진리를 불생불멸, 체성의 진리라고 말할 수 있습니다. 불생불멸의 전체가 하나인 반야를 여여자연한 유상(有常), 불변의 세계라 하고, 인과보응의 이치를 무상(無常), 변화의 세계라 합니다. 이 두 가지를 확실히 깨달은 사람을 도를 통했다고 하고 이러한 사람은 일과 이치에 능통할 수 있습니다.

이처럼 공한 반야의 진리는 세 가지 성격으로 구분할 수 있습니다. 반야의 진리는 시작과 끝이 없는 영원한 존재라는 것(不生不滅), 반야의 진리는 더럽고 깨끗하고 악하고 선한 인간적 가치의 세계를 초월한 절대 가치인 것(不垢不淨), 반야의 진리는 어느 곳에 더 있고 덜 있는 것이 아니라 무차별하고 평등하게 모든 것에 존재한다(不增不減)는 것입니다.

지금까지 우리는 반야의 실상자리를 여러 가지 각도에서 설명하였습니다. 반야라는 절대적 존재가 어떻게 어디에 존재하는가를 설명하였습니다. 신(神)은 어디에 어떻게 있는가, 도(道)라는 것은 무엇이며 어떤 방식으로 어디에 있는가를 설명하였습니다. 존재론이며 실상론을 공부하였습니다. 설명을 듣고 이해할뿐만 아니라 이 마음을 반야라 하는구나 하고 즉시 알아야 합니다. 그리고 사물의 변화, 나의 주변을 싸고도는 고락간의 경계를 보고 이것이 바로 반야의 실상이로구나 하고 명확히 확증해야 눈 밝은 도인이라고 할 수 있습니다.

불제자여 불제자여
선악과 망상이 다 부처인데
어느 곳을 향하여 예불함이 옳은가
망망한 천지여 동서남북이여.

반야의 증득품

舍利子- 是故空中~無智亦無得 以無所得故

제4장
반야의 증득품

是故空中에는 無色이며 無受想行識이요
無眼耳鼻舌身意이며 無色聲香味觸法이요
無眼界며 乃至無意識界요 無無明이며
亦無無明盡이요 乃至無老死며 亦無老死盡이요
無苦集滅道며 無智亦無得이며 以無所得故이로다

우주만물 허공법계에 가득한 반야의 진리를 깨달아서 그것을 나의 것으로 증득(證得)하여 원만보신불(圓滿報身佛)이 되면 진리적인 삶이 전개되기 때문에 색수상행식과 육근(六根), 육경(六境), 육식(六識)의 18계와 사제(四諦)의 불법 등 모든 것을 얻게 되며, 또 걸림이 없는 대자유인이 됨을 설명한 것입니다.

여기에서 "시고공중(是故空中)"이라고 하였는데, '이 반야의 텅 빈 진리를 깨달아 그 반야 속에서 살면'으로 해석하였습니다.

이 품은 반야의 진리를 부처님께서 깨달은 바, 진리를 수행 적공하여 자기 소유로 만들어 삶에 활용하고 살으시는 내용을 여러 가지 각도에서 설명한 것입니다.

불가에는 삼신불이 있습니다. 청정법신불(淸淨法身佛), 원만보신불(圓滿報身佛), 백억화신불(百億化身佛)입니다. 이 법문을 여러 가지로 해석할 수 있으나 청정법신불은 반야의 공 자리이며 실상 자리입니다.

원만보신불은 청정법신불 자리를 깨달아서 공을 들여 나의 것으로 완전히 회복한 것을 의미합니다. 진리를 깨달았다고 즉시 자비심이 나와서 가장 높은 부처님과 같이 되는 것은 아닙니다.

육조스님은 5조 홍인대사를 만나 법을 깨달았습니다.

보리는 본래 나무가 없고	菩提本無樹(보리본무수)
명경도 또한 대가 아니이다	明鏡亦非臺(명경역비대)
본래에 한 물건도 없거늘	本來無一物(본래무일물)
어느 곳에서 티끌을 일으키리요.	何處惹塵埃(하처야진애)

위의 게송을 보고 홍인대사는 육조대사를 인가했습니다.

육조스님이 청정법신불을 깨닫자 5조 홍인대사가 육조스님에게 '도를 깨달았다고 말하지 말아라. 오랫동안 잘 감춰둬라' 라고 말합니다. 즉 15~16년 동안 보림함축하여 진리를 자기 것으로 만드는데 공을 들이라는 뜻입니다. 깨달았다고 행동이 바로 되는 것은 아닙니다. 지행일치가 되려면 깨달은 뒤에 오랫동안 남모르게 무서운 적공을 해야 합니다. 법신불을 깨달아서 원만보신불이 되려면 근기 따라 다르겠지만 오랜 세월이 걸립니다. 이러한 과정을 진리의 자기화(自己化)라 할 수 있습니다.

백억화신불은 원만보신불이 중생제도를 위해서 여러 가지 활동을 하는 것을 말합니다. 말하자면 부처님의 자비행이며 부처님의 무한한 능력을 말합니다. 이러한 부처님께서는 중생들의 갖가지 근기에 맞춰 법문을 하시고 실천으로 가르침을 보여 주시는 것입니다. 그리하여 모든 중생에게 부처님의 천만가지 자비심을 각인시켜 주십니다. 이와 같이 부처님의 은혜를 입은 중생은 부처님이 안계셔도 마음속의 부처님을 사모하며 공부하게 됩니다. 이와 같이 '모든 중생에게 보이는 부처로 나투신다' 고 하여 백억화신불이라고 합니다.

이 품은 반야를 증득해서 나의 것을 만들어 놓은 원만보신이며 백억화신불인 부처님들의 행동이 어떤 것인가 하는 부분에 대한 말씀입니다.

舍利子 是故空中 無色 無受想行識

1. 사리자야! 이런고로 반야의 공에 들면 육신과 현상도 없으며, 수상행식의 정신작용에도 걸림이 없는 것이요.

2. 사리자야! 그러므로 무엇이라 말할 수 없이 텅 빈 반야의 진리를 깨달아 나의 것으로 증득하면 현상 세계의 모든 경계에도 아무런 걸림이 없고 정신작용인 수상행식에도 아무런 구애됨이 없는 해탈을 얻나니라.

공도리(空道理)를 생활화하신 분

'사리자야. 이런 까닭에 공의 진리를 체험하고 공의 진리로 생활하시는 분은 이러이러 하다'는 말씀입니다.

공은 진리 당처의 텅 빈 모습이고 무는 공을 행동화한 것으로 해석할 수 있습니다. 앞에서 반야의 본체에 대한 설명을 하면서 공(空) 즉 없는 반야 자리, 그 존재의 모습을 표현하였습니다. 여기서부터 무엇 무엇이 없다는 표현은 법문의 내용과 같으나, 공의 반야 진리를 자기 인격화하여 잡다한 생활 속에서 반야의 공도리(空道理)를 활용할 때에는 무(無)라고 표현했다는 것을 알 수 있습니다.

즉 무(無)는 공(空) 자리를 나의 것으로 만든 것이며 그 과정이라 할 수 있습니다. 그러므로 공자리는 진리 당처를 표현한 것이며, 무자리는 불보살들이 공자리를 깨달아서 그것을 자기 인격과 생활(92쪽)중에 활용한 것입니다

이 구절은 부처님께서 원만보신불로 나투신 심경을 말씀한 것으로 해석할 수 있습니다.

시고공중(是故空中)은 '공 가운데 사시는 분' 이라는 뜻입니다. 텅 빈 반야의 진리는 영원한 것이고, 지선의 자리이고, 원만구족해서 모든 것을 다 갖추고 있습니다. 이러한 공 자리를 깨달아서 나의 것으로 만들어 생활하시는 부처님은 무색(無色)이며 자신의 의식세계에도 걸림이 없다는 것입니다.

현상 세계는 정신세계와 물질세계로 대별 할 수 있습니다. 색이란 물질의 세계이고 수상행식은 정신의 세계입니다. 반야의 진리를 깨달아 자기인격화하면 물질세계, 즉 사(事)의 세계를 모두 걸림 없이 통달하여 알게 됩니다. 이(理) 세계인 반야를 통하여 이(理)의 그림자로 나타난 현상의 물질세계를 알기 때문에 이 모두를 장중의 한 구슬처럼 알게 되고 앞으로 어떻게 변화할 것인가도 훤히 꿰뚫어 알 수 있는 것입니다. 이러한 사람을 이무애 사무애의 지혜를 갖추었다고 합니다. 이러한 사람이 부처님이고 성인입니다. 이 경지에 이르면 수상행식의 정신작용도 또한 걸림이 없고 막힘이 없습니다.

불보살은 현상의 사회변화와 모든 경계로부터 초탈했습니다. 현실 속에 살면서도 현실로부터 자유롭게 활동하는 대자유인입니다. 자기 육신과 의식 속에서 일어나는 갖가지 욕심과 우월심 등 모든 욕망과 업력에 물들지 않고 오히려 육신과 마음을 자유롭게 운전하기 때문에 불보살을 대해탈 자재하는 사람이라고 합니다.

무엇이 자신을 끌고 다니는가?

범부중생은 자기 생활의 주인공이 되지 못하고, 밖깥 경계의 지배를 받는 경우가 많습니다. 물질적 현상세계, 즉 사회 속에서 남들을 부러워하거나 견주어 우월감과 열등감을 느끼며 살아갑니다. 이를 보면 중생은 자신의 인생을 사는 것이 아니라 남이 자신의 인생을 살아준다고 할 수 있을 것입니다. 이를 타자 지향적(他者指向的) 인생이라 말할 수 있을 것입니다.

양자강에서 일어난 어느 스님과 임금님의 이야기입니다. 양자강에 떠있는 배를 보고 임금님이 '배가 많다'고 하면서 '저 배가 몇 척이나 될까' 하고 물었습니다. 스님은 '두 척의 배'라고 답했습니다. 한척은 욕심을 따라 다니는 배이고 또 한척은 명예를 따라 다니는 배라는 얘기입니다.

거리의 저 많은 자동차가 무엇을 따라서 바쁘게 다닐까요? 저는 돈과 명예를 따라 다닌다는 생각을 많이 합니다. 범부와 중생은 돈과 명예, 즉 물질세계의 유혹에 따라 활동합니다.

부처님은 경계, 형색이라는 것에 얽매이지 않고 능히 자유롭게 움직일 수 있습니다. 중생이 물질적인 현상세계의 유혹에 끌려 생활하는데 비해 부처는 그것으로부터 자유로운데, 그것은 바로 반야를 활용하기 때문입니다.

우리의 육체는 끊임이 없이 욕망을 만들면서 우리의 영혼에게 부탁을 합니다. 먼저 육체는 육체를 보존하고 성장시키기 위하여 식욕을 일으키고 육체를 안전하게 보존하기 위하여 안일욕을 일으키고, 종족을 보존하려는 강력한 욕망이 성욕을 발동하여 정신을 괴롭힙니다. 범부중생은 식욕, 안일욕, 성욕에 둘러 씌워져서 그 욕망의 노예가 되어서 정도 차이는 있지만 육체의 노예생활을 합니다. 이 욕망 때문에 희로애락의 온갖 고통에 사로 잡혀 삽니다.

그런가하면 범부중생은 부모자녀의 관계로 가정을 이루고 살며, 또 사회를 이루어 살도록 되어 있습니다. 이렇게 함께 더불어 살면서 식·색·안일의 욕망을 더 많이 소유하려고 하고, 그 과정에서 남보다 높아지려는 명예욕과 지배욕이 발동하여 갖가지 괴로움이 파생됩니다. 물론 즐거움도 없지 않지요. 그러나 즐거움은 또 다른 높은 욕망을 만들어서 다시 고해를 만들어내 욕망의 고해에서 헤매고 사는 것이 범부의 생활 모습입니다.

불보살에게도 육신 속의 욕망은 범부와 같이 일어납니다.

그러나 불보살은 욕망의 근원이 본래 반야의 공한 것으로부터 출발한 것을 알고 있기 때문에 괴로움을 괴로워하지 않고 마음을 수련하여 욕망을 없애는 선정에 들어 괴로움을 무화(無化)할 줄 압니다. 또한 욕망을 고급 감정인 자비심으로 변형시키고, 이기심을 이타심으로 변화시킬 줄 알아서 육신을 노복과 같이 부려서 자비 공덕을 생산하는 거룩한 육신이 되도록 합니다. 자기 자신을 싸고도는 부모 형제, 사회 동포를 진급시키는 능력을 갖추어서 한량이 없는 공덕을 생산하는 생활을 하게 됩니다.

수상행식의 정신작용

앞에서 말한 무색(無色)은 자기 자신의 육체적 욕구와 사회적인 환경이 서로 관계하면서 반야인 공을 도구로 사용하여 육체와 환경을 초월하는 무심에서 소요할 수가 있습니다. 또 나아가서는 육신과 사회 환경을 상생의 관계로 활용하는 능력을 갖춘 것이 부처님의 경지라고 설명하였습니다.

여기서는 마음 운용에 대한 말씀으로 무수상행식(無受想行識)을 설명하려 합니다. 정신작용을 비교적 순서별로 나열해 놓은 편이지만 서로 연결되기도 함을 이해해야 합니다. 앞에서도 오온(五

蘊)에 대하여 자세히 설명하였지만 다시 좀 더 부가하여 말씀드리면 수(受)는 영혼, 혹은 자아(自我)가 외부 경계를 최초로 받아들이는 때입니다. 외경을 받아들일 때에 텅 빈 마음으로 받아들이지 못하고 전생에 지은 업식과 현생의 상온(想蘊)이 선입견(先入見)이 되어서 받아들여서 생각(想蘊)합니다. 그래서 사물 자체를 있는 그대로 파악하지 않고 선입견으로 보기 때문에 그릇된 판단을 하여 그릇된 행동(行蘊)을 하게 됩니다. 이것이 반복되면 업력의 종자가(識蘊) 되어서 의식의 수면에 잠겨 있다가 다시 연을 만나면 의식 수면으로 나타나서 윤회하는 결과를 초래합니다.

부처님은 경계를 받아들이는(受) 작용을 할 때에 선입견이 없는 반야의 무심에서 받아들이고, 또는 떠오르는 선입견이 있을 수가 있으나 그것에 물들지 않고 사물을 있는 대로 받아서 정견(正見)을 하게 됩니다. 그래서 과거 것을 참고하여 올바른 판단을 하고 그것을 결단이 있게 행동으로 옮기지요. 이것이 반복되면 언제나 무심한 마음이 길들여지고, 이러한 마음작용은 복락이 쌓이는 거룩한 정신생활을 하게 됩니다.

중생의 수상행식은 괴로움을 만드는 수상행식이지만 부처님의 수상행식은 항상 즐겁고 복락을 만들어가는 수상행식이 됩니다.

무(無)자리를 지키려면?

무(無)자리를 지키려면 어떻게 해야 할까요? 조건공부를 많이 하면 무자리를 지킬 수 있습니다. 대산 종사님은 관공(觀空) 양공(養空) 행공(行空)을 말씀하셨습니다. 관공으로 내 마음의 텅 빈자리를 알고, 양공으로 그 자리를 지키고, 행공으로 진리에 맞는 행동하라는 법문입니다.

우리가 공자리를 알았다 해도 지킬 줄을 모르는 경우가 있습니다. 누가 와서 억울한 말로 자신의 가슴에 못을 박으면 공 자리를 지키기 힘듭니다. 부처님은 문을 닫아버리면 언제나 태평하고 고요할 수 있습니다.

고요한 마음은 모양도 색깔도 없고, 크다고도 작다고도 말할 수 없고, 있다고도 없다고도 말할 수 없습니다. 이 자리가 바로 공 자리입니다. 이 자리는 뭐라고 형언할 수 없습니다. 이 자리를 근본자리, 마음바탕, 심지(心地)라고 합니다. 우리는 이를 '반야의 공자리구나' 하고 관공(觀空)해야 합니다.

관공을 했다 하더라도 이 자리를 지키기 위한 양공(養空)의 과정은 더 힘듭니다. 이 과정을 수양이라 합니다. 어려울 때는 안되고 쉬울 때만 된다면, 이것은 제대로 된것이 아닙니다. 조금씩이라도 양공해서 죽고 난 뒤에는 그 양공된 힘에 영혼을 싣고 가야 합니다. 양공이 안된 상태로 영혼을 싣고 가면 악도 윤회를 면할 수가 없지요.

　제가 강의를 시작하면서 반야용선을 하나씩 만들어야 한다고 말씀드렸는데 이 법문에 바탕해서 하면 됩니다. 관공을 해서 내 반야용선을 보고, 양공을 해서 내 반야용선을 튼튼하게 조성하여 그 조성된 반야용선으로 괴로운 파도나 즐거운 파도를 능숙하게 운전해서 저 언덕으로 가야 합니다. 이것이 행공입니다. 돈, 지식만으로는 반야용선을 만들지 못합니다. 결국 관공, 양공, 행공으로 반야용선을 만들어야 합니다. 이것이 반야공부이며 행심공부(行深工夫)입니다.

　소태산 대종사님은 원불교 공부를 많이 하면 돈, 권리, 명예, 지식을 잘 사용하는 법을 알게 된다고 하셨습니다. 돈, 권리, 명예, 지식은 나쁜 것이 아니고 매우 훌륭한 것입니다. 문제는 이것을 잘 알아서 사용하면 복이 되지만 잘못 사용하면 화를 자초하여 많은 문제에 부딪치게 됩니다. 이를 잘 사용하려면 반야용선 만드는 공부를 잘 해야 합니다. 반야용선 만드는 공부를 잘 해서 거친 인생의 파도를 헤치고 항해를 잘 합시다.

無眼耳鼻舌身意 無色聲香味觸法 無眼界乃至 無意
識界

1. 안이비설신의(眼耳鼻舌身意)인 나의 육근이 없는 줄을
   알고 그 육근에 걸리고 막힘이 없고, 색성향미촉법(色
   聲香味觸法)의 외경이 없는 줄을 알고 그 외경에 걸리
   고 막힘이 없으며, 안식(眼識)의 세계에도 걸리고 막힘
   이 없고, 나아가서는 의식(意識)의 세계에도 아무런 걸
   리고 막힘이 없는 자유인 것이요.

2. 눈, 귀, 코, 혀, 몸, 마음 여섯 가지 기관의 갖가지 작용에
   도 반야의 진리를 증득하면 걸리고 막힘이 없으며, 이
   육근의 대상이 되는 모양, 소리, 향기, 맛, 감촉 또는 기
   존 마음작용으로 만들어진 관념들에도 반야심을 잘 닦
   아 수행하면 아무런 걸림이 없으며, 육근이 육경을 대하
   여 경험하여 쌓아 놓은 갖가지 관념과 상(想), 즉 눈의
   작용으로 형색을 받아들여서 온축(蘊蓄)하여 놓은 안식
   (眼識)과 귀로 밖의 소리를 듣고 작용하여 쌓아 놓은 이
   식(耳識)의 세계 등 내지(乃至) 마음이 마음을 대상으로
   하여 온축하여 놓은 일체 선악간의 모든 의식세계(意識
   世界)에서도 걸림이 없는, 곧 육근, 육경, 육식의 십팔계
   (十八界)에 있어서도 걸리고 막힘이 없는 대해탈인 것
   이요.

우리는 여섯 가지 기관을 거느리고 산다

이 구절은 앞에서 설명했던 무색(無色)과 무수상행식(無受想行識)을 좀 더 구체적으로 설명한 것입니다. 이 구절을 잘 이해하면 우리가 어떻게 현실 속에서 살고 있는가를 잘 알게 됩니다.

십팔계(十八界)는 인간과 우주를 인간의 인식관계로 파악한 교리입니다. 십팔계는 육근, 육경, 육식을 합하여 말합니다.

육근은 사람에게 있는 안이비설신의 여섯 가지 기관입니다. 즉 눈, 귀, 코, 혀, 몸과 뜻을 말합니다. 육근을 설명할 때 마음을 의식이라고 하는데 실은 마음이 작용을 해서 뜻을 냅니다. 예를 들어 '너 물 먹을 뜻이 있냐?' 할 때의 경우입니다. 양초에 성냥을 그어 불을 댕기면 불꽃이 일어나듯이 우리들의 마음에 경계가 오면, 즉 정보가 들어오면 뜻이 생깁니다.

불꽃이 갖가지 모양으로 일어나는 것을 우리의 의식에 비유할 수 있습니다. 마음은 이러한 의식을 일으키는 바탕이라 할 수 있습니다. 이 마음을 '영혼'이라고도 하고, '나'라고도 합니다. 이것이 작용을 하지 않고 조용히 있으면 무아(無我)이고 무심(無心)입니다. 이것이 작용을 하면 의식이 발생합니다. 이 의식의 내용은 착할 수도, 악할 수도 있습니다. 이러한 의식을 유심(有心)이라 할 수 있습니다.

무심인 자아가 눈, 귀, 코, 입, 몸의 다섯 기관으로부터 정보를 받아 의식을 만들어 자신의 삶을 운용하고 있는 셈입니다. 우리의 삶은 마치 공장의 주인이 공장의 시설과 종업원을 거느리고 공산품을 생산하듯이 영혼이 주인이 되어 안이비설신의 여섯 가지 시설을 통해서 살아가는 것으로 비유할 수 있습니다.

내가 상대하는 여섯 가지 대상

육경은 육근이 대상으로 하는 색성향미촉법의 여섯 가지 경계를 말합니다. 눈은 모양과 색깔을 상대하여 색경(色境)이 있고, 귀는 소리를 듣고 상대하여 성경(聲境)이 있고, 코는 냄새를 상대하여 향경(香境)이 있고, 혀는 맛을 상대하여 미경(味境)이 있고, 몸은 촉감을 상대하여 촉경(觸境)이 있고, 의(意)는 마음작용을 해서 쌓아놓은 관념들로 법경(法境)이 있습니다.

앞에서 설명한 바와 같이 우리의 기관은 여러 가지 경계로 들어오는 정보를 받아들이는 것을 반복하면서 마음속에 경험을 쌓게 됩니다. 고전음악을 자주 들으면 '고전음악은 이런 것이다' 란 취미가 마음속에 만들어집니다. 이 만들어진 관념을 우리는 선입견이라고 하고 상(想), 먹어놓은 마음이라고 합니다. 이러한 관념이 자신의 마음에 저장되어 있다가 마음 앞에 떠오릅니다. 이것을 법경(法境)이라고 합니다. 우리들에게는 '자비로운 분, 어머님 같은 분' 등 부처님에 대한 이미지가 있습니다. 우리는 어려운 일을 당할 때 부처님의 자비로운 모습을 떠올려서 대화할 수도 있고 흠모할 수도 있습니다. 우리들은 사람마다 경험이 다르고 익힌 바가 다르고 가치관이 다르기 때문에 법경은 사람마다 다르고 시간마다 다를 수 있습니다. 거리를 지나다보면 혼자서 웃는 사람도 있고 무언가 중얼거리는 사람도 있습니다. 그것은 자신의 마음속에 있는 사람, 즉 법경을 스스로 불러내 대화하는 경우입니다.

내가 만드는 여섯 가지 마음

육식(六識)은 육근이 육경을 상대해서 만들어내는 안식(眼境), 이식(耳境), 비식(鼻境), 설식(舌境), 신식(身境), 의식(意境) 등의 여섯 가지 의식을 말합니다.

나의 육근이 육경(六境)을 맞아 그동안 갖가지 경험을 통해 조성된 의식, 쌓아 둔 의식을 여섯 가지로 분류하여 놓은 것을 육식이라고 합니다.

십팔계(十八界)의 연관은 '눈-형색-안식, 귀-소리-이식, 코-냄새-비식, 혀-맛-설식, 몸-감촉-신식, 의-마음작용-의식' 입니다.

한국 사람은 아리랑 노래를 많이 들어서 언제 어디서든 이 노래를 들으면 바로 압니다. 그것은 이식(耳識)으로 쌓았기 때문입니다. 그러나 미국사람은 잘 모릅니다. 여러 가지 식이 경계를 따라서 안식, 이식, 비식, 설식, 신식을 만들어 냅니다. 이것을 말할 때 '많이 경험해야 안다' 고 합니다.

뜻은 법(法)의 경계를 상대하여 의식이 된다고 했는데, 여기서 법이란 내 마음에 머금고 있는 것들입니다. 예를 들어 자녀가 짠 음식을 싫어하면 좀 싱겁게 반찬을 만들게 됩니다.

우리나라 사람들은 '국회의원은 적어도 이래야 된다' 는 생각을 갖고 있습니다. 그래서 거기에 안 맞으면 믿고 싶어하게 됩니다. 여기서 국회의원은 이렇게 해야 한다는 기준이 법경입니다.

육근 중 뜻에서 법경이 나온다고 했는데 전생의 업식이 법일 수 있습니다. 전생부터 성질이 급한 사람은 느린 사람과는 상대 못하겠다는 생각을 하게 됩니다. 이 기준을 가지고 다른 사람을 상대하면 느린 사람이 싫습니다. 즉 사람마다 전생의 마음이 다 다르기 때문에 판단기준이 다르게 됩니다. 속마음, 뜻이라는 것은 자기가 먹었던 마음이 경계가 됩니다. 이것이 법입니다. 법이란 관념과 상, 내 나름의 원칙이라 할 수 있습니다.

영혼이 부모와 연을 만나

영혼이 부모와 연을 만나 육체를 만듭니다. 다섯 가지 기관, 즉 눈, 귀, 코, 입, 몸을 통해서 정보를 받아들이고 '이것이 좋다 저것이 좋다' 하는 식(識)을 만듭니다. 또 이것이 뭉쳐 의식을 만듭니다. 눈으로 본 것, 귀로 들은 것 등 모든 것을 마음으로 받아들이고 저장해 놓습니다.

안이비설신의라는 육근이 색성향미촉법이라는 육경을 맞이해서 육식을 만들어내는데 이 육식을 집합해 놓은 것이 여섯 가지 의식입니다. 육근이 육경을 만나 육식이라는 제품을 만들어서 "나"라는 존재가 형성됩니다. 저는 강의 관계로 반야심경을 여러 번 공부 했습니다. 그래서 반야심경이라는 제품을 의식 속에 담아 놓았다가 오늘 이 강의에서 풀어놓은 것입니다. 여러분들도 제 강의를 듣고 의식에 담아 놓았다가 생활하는데 잘 써야 합니다.

이상에서 설명 드린 육근, 육경, 육식을 합하여 십팔계(十八界)라고 합니다.

부처님의 삶은

중생은 앞에서 설명한 십팔계(十八界)에 예속되어 살고 불보살은 반야를 증득하여 십팔계를 자유자재로 굴리고 살아갑니다. 다시 말씀드리면 부처님은 무애육근(無碍六根), 무애육경(無碍六境), 무애육식(無碍六識)이라 할 수 있습니다.

불보살들은 천지와 중생들에게 다 갊아 있는 반야의 진리를 각득한 분들입니다. 반야는 두 가지 면이 있습니다. 하나는 체성이라는 무심(無心)자리입니다. 이 자리를 통상 생멸이 없다하여 불생불멸한 자리라 합니다. 또 하나는 유심(有心)자리입니다. 이것을 인과보응하는 이치라 합니다. 이 두 가지 면을 확실하게 알아야 반야를 알았다고 할 수 있습니다. 이것을 진공과 묘유로 설명할 수 있습니다.

부처님은 이 두 가지 세계를 깨닫고 자신의 마음속에 길들였기 때문에 언제든지 육근이 작용하지 않는 곳, 경계가 없는 곳, 의식이 만들어지기 이전의 무심처에 출입할 수 있습니다. 부처님은 무 자리에 마음대로 왕래할 수 있는 분입니다. 부처님은 경계없는 자리에 마음이 머무를 수 있는 분입니다.

여러분은 번뇌 없는 마음자리에 얼마나 머물 수 있습니까? 우리는 마음을 가만히 두려고 해도 잘 안됩니다. 금방 이 생각 저 생각을 합니다. 좌선수행을 처음 할 때 '입정(入定)하겠습니다' 하고 죽비를 치면 쓸데없는 생각이 더 많이 일어납니다. 그런데 부처님들은 십팔계(十八界)가 공한 그 자리를 가려면 언제든지 들어갈 수 있습니다. 무안이비설신의라는 뜻은 바로 언제든지 생각만 하면 무(無)자리에 들어갈 수 있다는 뜻입니다.

우리는 하루 종일 생각을 합니다. 잠잘 때만 빼고, 아니 잠잘 때도 꿈속을 헤맵니다. 마치 노트에 잉크로 쓰기만 하고 지우는 것을 못하는 것과 같습니다. 부처님이나 수도인은 '비우자 비우자' 하고 공을 들이면 비우는 시간을 가질 수 있습니다. 무자리 출입을 자유로 할 수 있습니다. 부처님은 무심자리에 들어 있다가 필요하면 언제든지 경계를 맞이하여 선업(善業)을 굴리고, 복과 지혜를 일궈내고, 세상의 평화와 중생제도에 힘을 다하는 것 등을 자유자재로 합니다. 그래서 부처님은 무자리에 들어서 극락도 만들고 유 자리, 현상자리에 걸림없이 출입하면서 제도사업(濟度事業)을 하는 것입니다.

그러나 그 무(無)자리에 너무 오래 들어가 있으면 복이 다 떨어집니다.

'내가 도솔천 내원궁 천계(天界)에서 오래 있고 싶어도 인연과 복이 떨어지니 그곳을 나와서 인연 맺기 위하여 가고, 복을 짓고 간다' 는 부처님의 말씀이 있습니다. 십팔계(十八界)가 다 공한 자리를 거래할 수 있어야 합니다. 정전의 "무시선" 편에 '진공으로 체를 삼는다' 는 구절이 있습니다. 진공으로 마음바탕을 삼아야 합니다. 마음만 먹으면 진공에 처할 수도 있어야 하고 다시 마음을 내면 묘유(妙有)로 나와서 일할 수도 있어야 합니다.

내지(乃至)는 안계 이계 비계 설계 신계를 줄여서 표현한 것이고 무(無)는 십팔계(十八界)를 자유로 굴리고 다닐 수 있다는 뜻입니다. 자전거를 못타는 사람은 자전거에 끌려 다닙니다. 그러나 자전거를 잘 타는 사람은 편하게 자전거를 끌고 다닙니다. 중생은 육근, 육경, 육식을 마음대로 하지 못하고 그것에 항상 끌려 다닙니다. 부처님은 반야를 깨달아 그것을 잘 이용하여 육근, 육경, 육식을 마음대로 자유자재로 굴리고 다닙니다.

불보살의 세 가지 즐거움

앞에서 설명 드린 바와 같이 무(無)의 의미는 '무심처에 자유로 출입한다. 십팔계(十八界)를 마음대로 굴리고 다닌다' 는 의미입니다. 십팔계(十八界)를 굴리고 다니는 사람은 늘 은혜를 발견하고 감사생활을 할 수 있습니다. 십팔계(十八界)를 굴리고 다닐 줄 모르고 그것에 끌려 다닌 사람은 꿈에 떡 얻어먹은 사람처럼 즐거움은 잠시 동안이고 괴로운 것이 더 많습니다.

나는 지금 '괴로운 일이 많은가, 감사한 일이 많은가' 를 살피면 경계를 굴리는지 아니면 경계에 끌려 다니는지를 알 수 있습니다.

법력(法力) 높은 분들은 어떠한 일을 잘해 보고 싶은 마음은 있어도 안될 것 같으면 물러서서 경계를 따라 굴리고 그 속에서도 감사한 마음을 발견합니다. 감사한 마음은 낙을 말하는데 우리는 어떤 낙을 즐겨야 할까요?

무심락(無心樂)을 즐겨야 합니다. 중생은 무심적적(無心寂寂)한 낙을 모릅니다. 무자(無字)공부를 많이 하면 무심락을 즐길 수 있습니다. 우리도 아침저녁으로 좌선을 하고 심고와 기도를 올리고 마음을 때때로 고요하게 하여 열반락을 누리는 연습을 합시다. 마음이 생기기 전의 마음을 관조하여 계합하는 공부를 합시다.

해탈락(解脫樂)을 즐겨야 합니다. 중생은 경계가 오면 훌훌 털어버릴 줄 아는 해탈락을 모릅니다. 털어버릴 줄 알아야 합니다. 무엇이 많이 붙어 있으면 안됩니다. 의무와 책임이 있으니 붙일 것은 붙여야지만 늘 붙어 있으면 안됩니다. 일을 하다가 그만 둘 때가 되면 손을 털고 그만 두십시오. 그 때는 마음에 묻은 선악의 흔적들을 깨끗하게 털어버려야 합니다.

대산종사님은 '세루옷(기지옷)은 먼지가 붙으면 탈탈 털어버리면 잘 털어지나 무명옷은 안털어진다'며 공부 잘하는 사람과 그렇지 못한 사람을 비교해 주셨습니다. 공부 못하는 사람은 잘 털지 못합니다. 가끔 다 털어버리는 해탈락이 있어야 합니다.

그리고 활용락(活用樂)이 있어야 합니다. 좋은 것을 발견해서 이렇게 써 보고 저렇게 써 보면 버릴 것이 없습니다. 말을 다룰 줄 아는 기수는 순한 말은 순한 대로, 성질이 사나운 말은 사나운 말 그대로 잘 부려 쓸 줄 압니다. 참다운 공부인은 순경 역경을 가리지 않습니다. 선악 청탁을 버리거나 피하지 않고 능히 활용하는 즐거움이 있어야 합니다. 부처님은 이렇게 십팔계(十八界)가 공한 자리를 알고 이를 활용해서 굴리고 다닐 줄 아는 분입니다.

몸도 쓸고 마음도 닦고 십팔계를 쓸어내리더니
불법(佛法)마저 태워 위없는 것도 없더라
집안 청소하는 일이 손님맞이 아닐런가
육도(六道)손님 불러들여
시중가(時中歌)나 불러보세.

無無明亦無無明盡 乃至無老死 亦無老死盡

1. 무명(無明)도 없으며 무명이 다 밝아졌다고 하는 관념도 없으며, 나아가서 늙어 죽음도 벗어났으며 또한 늙고 죽음을 해탈했다는 흔적도 없는 것이로다.

2. 반야의 진리를 증득하여 살아가는 부처님의 세계에서는 윤회전생(輪廻轉生)하는 12연기 중 근본 원인이 되는 진리에 대한 무지인 무명(無明)이 없으며, 또한 무명이 모두 멸도 되었다는 상(想)도 없으며 행, 식, 명색, 육입, 촉, 수, 애, 취, 유, 생(行, 識, 名色, 六入, 觸, 受, 愛, 取, 有, 生)과 늙어 죽는 등의 모든 과정으로부터 해탈했으며, 또한 해탈하였다는 부질없는 상에도 얽매이지 않는 대자유인 것이로다.

십이인연(十二因緣)

만물은 인연 따라서 생(生)하기도 하고 멸(滅)하기도 합니다. 멸했다가 다시 생하기도 합니다. 좋은 것끼리 만나면 상생의 인연이 되고 나쁜 것끼리 만나면 상극의 인연이 됩니다. 결함 있는 다른 것을 만나면 그 존재는 오래가지 못합니다.

이러한 인간관계를 시간적으로, 우리의 인생을 중심으로 살펴본 것이 지금부터 설명하고자 하는 십이인연(十二因緣) 법입니다.

현재는 반드시 과거의 원인에 의해 결정되고 현재가 원인이 되어 미래가 결정됩니다. 십이인연은 인간의 과거세 현재세 미래세계가 상호 원인이 되어 지속되는 순서를 열 두 단계로 설명한 것입니다.

중생은 과거의 원인대로 현재를 살기 때문에 윤회의 고통을 받고 불보살은 과거를 단절하여 반야로써 살기 때문에 십이인연을 굴리고 살아갑니다. 우리 중생은 윤회의 고통에서 벗어나지 못하고 늘 괴롭게 살고 있습니다. 우리는 이 십이인연 공부를 잘하여 불보살의 삶으로 전환하여 십이인연을 자유자재로 굴리고 살도록 합시다.

진리에 어두운 마음

무명(無明)은 진리에 어두운 마음, 즉 진리에 대한 무지(無知)입니다.

개인의 영혼을 개령(個靈)이라 하고 우주의 진리를 대령(大靈)이라 합니다. 우리 각자는 개령입니다. 나의 개령은 이 세상에 나밖에 없습니다. 이 개령은 없어지지도 않고 항상 개령으로 존재합니다. 그래서 귀한 것이고 유아독존입니다. 이 개령이 부모를 만나서 육신을 만드는 것입니다. 개령이 대령, 즉 반야의 진리를 모르는 것이 무명입니다.

가정에는 가풍이 있고 회사에는 사규가 있습니다. 가족은 가풍을 알아야 가정에 잘 적응하며 살 수가 있고, 회사원은 회사의 풍토와 분위기를 잘 알아야 회사에 잘 적응하고 일을 잘할 수 있습니다. 마찬가지로 모든 생령들은 반야의 진리 속에 살기 때문에 반야의 법칙과 섭리를 알아야 잘 살 수 있습니다. 이것을 모르는 것을 근본무명(根本無明)이라고 합니다.

불교의 무명과 같은 뜻으로 기독교에는 '원죄(原罪)'가 있습니다. 원죄는 인간의 기본적인 죄를 말합니다. 인간은 아담과 이브가 사탄의 꾐에 빠져서 하나님의 명을 어겼기 때문에 처음부터 죄를 짓고 출발했다는 것입니다. 유교에서는 인간은 육신의 '기질지성(氣質之性)'으로 욕심이 근본심인 본연지성(本然之性)을 덮어버렸기 때문에 죄를 짓는다고 보았습니다.

불교의 무명은 근본적으로 반야의 진리를 알지 못하는 것이고, 기독교의 원죄는 하나님의 명을 어긴 때문이고, 유교는 인심 때문에 본연지성이 가려져서 죄를 짓는다고 여겼습니다. 여기에서 우리는 삼교(三敎)의 사유체계를 생각하게 됩니다.

진리를 알지 못하기 때문에(無明) 신(神)의 명령을 이해하지 못하여 이를 어기게 되고, 진리를 알지 못하기 때문에 육신의 기질지

성, 즉 욕심에 가릴 수밖에 없다는 생각을 하게 됩니다. 그러므로
죄의 근본을 밝히는데 있어 무명을 제시한 것이 가장 현명한 발상
이라고 여겨집니다.

범부중생은 반야진리, 즉 불생불멸의 진리를 깨닫지 못하고 인
과를 알지 못하기 때문에 삶 자체가 미혹(迷惑)의 세계입니다. 하
지만 불보살은 반야의 공도리(空道理)와 변화의 이치인 인과를 알
기 때문에 윤회에 언제나 자유로울 수가 있습니다. 부처님도 십이
인연을 따라서 삼세를 거래하고 중생도 마찬가지로 삼세를 거래
하나 중생은 무명으로 거래하기 때문에 윤회를 하고, 부처님이나
수도인은 반야를 알고 거래하기 때문에 윤회에 자유로울 수 있는
것입니다.

행(行)은 선악의 행위를 말합니다. 중생은 앞의 무명으로 인하여
밝지 못한 마음으로 어리석은 판단을 하게 되고 어리석은 판단으
로 인하여 그릇된 행동을 일생 내지 영생을 반복하게 됩니다. 하지
만 부처님은 무명이 아닌 반야로 매사에 바른 판단을 하기 때문에
바른 행을 하게 됩니다. 그래서 중생은 무명행(無明行)을 하고 부
처는 지혜행(知慧行)을 합니다.

행동을 쌓아놓은 곳

식(識)은 선한 행동, 악한 행동 등을 쌓아 놓은 업식이며 영혼입니다. 순서상 무명과 행은 전생이고, 식은 명(命)을 마치고 육신을 버리고 영혼으로만 남아있는 중음의 세계에 머물다가 내생의 부모를 만나서 입태한 것을 말합니다. 범부중생은 무명과 행업으로 인하여 부모를 만날 때도 남녀의 음욕이 동기가 됩니다. 전생에 남자였던 영혼이라면 여자를 따라가서 태어나고, 여자였던 영혼이라면 남자를 따라가서 음욕으로 입태하는 경우가 많습니다. 또는 원수에게 복수하려는 마음으로 원수 집에 입태하는 등 어둡고 그릇되게 입태하여 부모를 정하는 경우가 많습니다.

부처님이나 수도인은 무명이 없이 바른 행동을 하였고 생사거래와 인과를 공부하였기 때문에 중음에 머물 때도 방황하지 않고 안정되고 자유로운 마음입니다. 따라서 부모를 정할 때도 순리로 은의(恩誼)로 정하고 때로는 누군가를 제도하기 위해서 그 집에 가서 입태하기도 합니다.

태중의 상태

명색(名色)은 나의 영혼이 어머니 태중에서 조그마한 점으로 의

탁하여 있는 때를 말합니다. 명은 영혼, 색은 육신인데 육근으로 세분화하기 전의 태중의 상태입니다. 우리들이 흔히 말하기를 보잘것 없다는 뜻에서 '명색도 없다' 라고 합니다. 이는 '내놓을 것이 없다' 는 뜻으로 어머니의 태중에 들어서 겨우 육신과 영혼만 있다는 명색에서 연유한 것입니다. 이때부터도 전생에 지어놓은 업력은 작용합니다. 영혼이 부모를 선택한 것도 전생의 인연에 의하여 입태되고 전생 부모와의 동업에 의하여 만나게 됩니다.

또 육신은 부모의 유전인자에 의하여 정해져도 명색만 있을 때의 영혼에 자기만의 독자적인 업이 작용하여, 부모와 또는 형제간에도 약간 다른 몸을 만들어 갑니다. 즉 쌍둥이는 똑같은 부모의 유전을 받았기 때문에 틀림이 없이 같아야 합니다. 그러나 쌍둥이 영혼이라도 지은바 업력이 서로 다르기에 약간의 다른 모습으로 몸이 조성되는 것입니다.

육입(六入)은 영혼과 육신의 명색으로만 있는 상태에서 안이비설신의 육근이 구별되는 것을 말합니다. 몸뚱이와 영혼의 상태에서 안이비설신의 육근이 분명하여지고 차갑고 거칠고 낯선 감촉을 받는 것을 말합니다. 이때부터는 어머니를 통해서지만 상당히 외경을 받아들이기 시작합니다.

어머니로부터 분리되어(觸)

촉(觸)은 어머니로부터 분리되어 세상에 태어나는 것, 세상에 막 태어날 때의 감촉을 말합니다. 어머니 태중에서 안온하고 편안한 상태로 있다가 태 밖으로 나왔을 때의 차가운 감촉을 중심으로 설명한 것이지요. 그래서 대체적으로 어린아이는 놀라 울면서 태어나게 되는 것 같습니다.

수(受)는 태어나서 육근을 통해서 느끼고 받아들이는 것, 고수(苦受)·낙수(樂受)·사수(思受) 등을 말합니다. 즐거움을 받아들이기도 하고 괴로움을 받아들이기도 하며, 때로는 즐겁지도 괴롭지도 않는 경계를 받아들이기도 합니다. 이것은 일생을 통하여 마음이 외경(外境)을 받아들이는 것을 말합니다.

외부로부터 경계를 받아들일 때면 복잡해집니다. 육체의 관점에서 보면 육체의 필요에 의해서 받아들이는 방향과 감도가 다를 수 있습니다. 여성의 육체를 지녔을 때는 여성적인 욕구가 기승하고 남성의 육체를 지녔을 때는 남성적인 욕구가 기승합니다. 만약 지금 배가 고프면 먹을 것을 받아들이기를 원할 것이고 잠이 오면 잠잘 수 있는 환경을 선호할 것입니다.

한편으로 전생의 호(好), 불호(不好)의 업식(業識)이 영혼 속에 내재해 있다가 그 업식의 원하는 바에 따라서 경계를 받아들이기도 합니다.

여기 수의 상태나 이 시기는 유아기에 해당합니다. 아직은 의식이 발달하지도 않고 단순하게 육체적 욕구가 중심이 되어서 받아들이고 혹은 깊숙이는 영혼에 잠재된 업식이 있어서 그것에 의하여 감수 작용을 하기도 합니다.

사랑의 감정(愛)

애(愛)는 사랑의 감정이 생기는 것입니다. 육근을 통하여 외부로부터 수(受)의 작용으로 받아들인 정보 중에서 나에게 맞고 좋은 것을 구하는 것이죠, 목마를 때 물을 찾는 것을 연상하여 갈애(渴愛)라고도 합니다. 육제적 욕구를 충족하고 싶은 간절한 욕구, 좋은 물건을 가지고 싶어 하는 간절한 마음, 사랑하는 사람을 만나고 싶어 하는 진한 마음 같은 것이지요.

앞에서 설명한 바와 같이 즐거움과 괴로움을 느끼면서부터 즐거움은 더 받아들이고 괴로움은 받지 않으려고 합니다. 이것은 즐거움을 과도하게 받아들이려는 유아기의 현상으로 '사랑하는 것'이라 표현합니다. 물론 이 애(愛)에서부터 전생의 지은 바 업보 따라서 사랑하고 싶어 하는 방향이 조금씩 다릅니다. 전생의 업보, 호(好) 불호(不好)의 습관과 갓난아기의 육체적인 욕망이 섞여서 사랑하는 각도와 심도가 다르게 나타나는 것입니다.

이 애(愛)로부터 범부와 불보살의 길이 달라집니다. 육체적 욕구와 업식의 방향에 따라 사랑하는 마음이 불같이 일어날 때 공부가 없는 사람은 사랑하는 감정을 마음속에 축적합니다. 이것이 축적되면 자신도 어쩔 수 없는 무섭고 강렬한 욕망이 됩니다. 반면에 공부인은 불같이 일어나는 사랑의 마음이 어떠한 결과를 가져올 것인가를 알고 그 마음을 없애거나 다른 마음으로 돌릴 줄 압니다.

전생의 선호하는 습관이 범부는 물질적 가치, 육체적 가치, 일시적 가치에 물들었고 습관들여졌기 때문에 그러한 욕망이 안에 내재되어서 그 방향의 경계를 찾아 애정을 쏟습니다. 불보살들은 전생에 선호하는 습관이 정신적 · 도덕적 가치, 영원한 가치를 선호하였던 습관 때문에 그것을 실현시켜주는 경계를 맞이하여 그런 쪽으로 애정을 지니게 됩니다.

우리가 적성검사를 해보면 형제라도 흥미와 적성이 다르게 나타납니다. 적성은 전생의 습관이 나타난 것으로 생각됩니다.

사랑하는 대상을 취하려 하고(取)

취(取)는 사랑하는 것을 적극적으로 나의 소유로 하려는 마음입니다. 이때는 강렬한 욕망에 의하여 소유하고 싶은것을 직접 취하기 위해 표현하고 행동합니다. 만약 소유할 수 없으면 수단과 방법을 가리지 않고 설득하고 투쟁하는 등의 행동을 하기도 합니다.

사랑하는 욕망과 취하려는 간절한 욕구는 유아기부터 전 생애에 나타납니다. 취하려는 강력한 욕구는 사랑하는 마음이 내재하였기 때문에, 이것을 이루지 못하면 화가 나고 때로는 극단적인 수단과 방법을 모색하게 됩니다. 취하려는 행위는 우리의 마음속에 다양하게 생성 소멸되고 있습니다. 범부는 취하려는 마음에 가려 취하기 때문에 부정하게 행동하여 자신과 이웃을 망하게 하는 경우가 많습니다. 공부한 불보살은 정당하게 취하기 때문에 그 취한 것이 오래가고 자신뿐만 아니라 이웃의 환영도 받게 됩니다.

부정부패한 마음으로 권력을 쟁취하는 경우도 있고, 무력으로 권력과 돈을 가지려하기도 하고, 속임수로 자기의 연인을 차지하려고 합니다. 이런 것은 부도덕한 쟁취이므로 언제나 근심을 안고 있고 불안하며 얼마가지 못하여 헤어지는 아픔과 고통을 줍니다. 불보살은 진리를 알기 때문에 정당한 노력을 하여 자연스럽게 취하기 때문에 취한 것이 오래가고 고통스럽지가 않습니다.

계속 갖고 싶은 마음(有)

유(有)는 사랑하고 취한 것, 즉 소유한 것을 그대로 오래 자기 앞에 머물도록하는 마음과 행동을 말합니다. 앞에서 취한 좋은 것을 그대로 유지하고 싶은 마음입니다. 삶, 현상은 좋은 것을 쌓아서 오랫동안 보존하려고 하는 지속적인 욕망의 표현이기도 합니다.

우리의 일생은 현생 육신의 나이에 관계없이 경계를 통하여 정보를 받아들이고 이것을 선별하는 정신작용을 합니다. 자신의 육체적인 욕망과 정신적인 욕망, 전생의 습관적 욕망이 한데 어울려 사랑하는 것을 쟁취하려는 갖가지 노력을 하고 그것을 소유하여 오랫동안 유지하고 더 많이 소유하려고 애를 쓰는 것이 인생입니다. 많은 재산을 소유한 사람은 그 재산을 지키기 위하여 엄청난 노력을 해야 합니다. 권력을 소유한 사람은 그 권력을 오래도록 유지하기 위하여 심혈을 기울입니다. 그러나 소유한 것은 반드시 때가 되면 나와 헤어져야 합니다. 사랑하는 연인도 죽음에 이르면 결국 헤어져야 하고, 권력도 수명이 있고 재산도 때가 되면 흩어지기 마련입니다. 자신의 사랑스런 육체도 병들고 늙고 그리고 죽어서 소멸됩니다. 영원한 것을 깨우친 부처님도 소유한 것과는 결국 헤어져야 합니다. 만나서 소유한 것과는 헤어지는 것이 자연의 섭리이며 반야 진리의 법칙입니다.

문제는 소유에 대한 태도입니다. 범부는 소유한 것과 헤어지는 것이 그의 애착 때문에 한량이 없는 고통입니다. 그러나 불보살은 헤어질 때를 알아서 애착이 없는 마음으로 떠나보낼 수 있는 도력이 있습니다.

부처님은 전생에 반야의 진리를 닦아 왔기 때문에 그 습관이 삶

전체, '애·취·유'의 전 과정에 나타나서 중도에 맞게 행동을 하여 더욱 진급하고 은혜를 입는 방향으로 노력하게 됩니다.

생(生)은 현생을 마치고 죽었다가 다시 태어나는 것이요, 노사(老死)는 다음 생에 태어나서 늙어서 죽는 것을 말합니다. 사람이 지금 살아서 활동하고 있는 것은 죽음을 향하여 걸어가고 있는 것과도 같습니다. 태어난 것은 반드시 죽기 때문이지요. 태어난 것은 죽지 않는 것이 없고, 시작한 것은 끝나지 않는 것이 없습니다.

산다는 것은 죽음을 향하여 한 걸음 한 걸음 다가가는 것이지요. 그런데 범부는 죽음을 향하여 간다는 것을 자각하지 못하고, 사는 일만 생각하고 삶에 취하여 삽니다. 지금 여러분은 죽을 준비가 잘 되어 있는지요. 지금 열심히 준비하고 계실 것입니다. 우리가 존경해 마지않는 사육신(死六臣) 중 한분인 성삼문(成三文)은 사형장에 끌려 갈 때에 아주 슬픈 노래를 불렀다고 합니다.

북소리 둥둥 울려서 목숨을 재촉하고　　　　擊鼓催人命
고개를 돌려보니 해는 서산에 지려고 하네　　回首日欲西
황천에는 여관방이 없다는데　　　　　　　　黃泉無客店
오늘 밤에는 누구네 집에서 자야 할꼬.　　　今夜宿誰家

나라를 위하여 목숨을 바치고 바른 행동을 한 성삼문과 같은 선비도 죽음 앞에서는 애절함이 어쩔 수가 없었습니다.

그런데 앙산혜적이라는 스님은 죽음을 예견하고 태연자약하게 죽음을 맞이하면서 임종시를 읊었습니다.

일흔 일곱 나이 차니	年滿七十七
무상이 오늘에 있네	無常在今日
해가 중천에 뜬 정오에	日輪正當午
양손으로 무릎을 잡고 오르리.	兩手攀屈膝

여유롭게 영혼을 띄워 올려서 내생(來生)으로 가리라는 말씀을 하였습니다. 이렇게 자신의 영혼을 몸으로부터 분리시키는 법력은 모두 다 반야의 공한 진리를 깨달아서 단련하였기 때문입니다.

십이연기를 여러 각도에서 설명할 수 있지만 지금까지 삼세 십이인과의 측면에서 설명했습니다. 십이연기를 전생 현생 내생의 삼세로 나누어 다시 간략하게 설명하면 '무명과 행'은 전생(前生), '식·명색·육입·촉·수·애·취·유'는 현생(現生), '생·노'는 내생(來生)입니다.

우리는 삼세(三世)를 살아간다

이 중에서 현생을 살면서 가장 중요한 것이 '애·취·유'입니다.

전생에 지어 놓았던 업보는 자기의 개령(個靈)이 가지고 다닙니다. 전생에 무명·행을 지으면서 성격과 재능을 자기의 영혼에 싣고 다니게 됩니다. 전생에 눈으로 많은 작용을 한 사람은 현생에 눈매가 맵다고 합니다. 전생에 귀를 많이 사용한 사람은 이식(耳識)이 많이 발달하여 소리에 대한 감이 빠릅니다. 개령에 업식을 담고 오기 때문입니다. 이를 보고 사람들은 '저 사람은 개성이 특별해' 라고 합니다. 사람마다 다른 성격, 재능의 업주머니를 영혼 속에 담고 와서 그것에 바탕하여 현생을 살아갑니다.

우리는 과거·현재·미래의 삼세를 살고 있습니다. 이 삼세는 연결되어 있습니다. 제가 지금 강의하는 것은 현재의 일입니다. 이렇게 강의를 많이 하면 내생에는 강의하는 능력이 더욱 좋아질 것입니다. 반야심경 법문으로 말하니 다음 생에는 법문 인연이 많이 생길 것입니다. 지금 이렇게 말하는 것은 또 전생에 많이 해 보아서 가능할 것입니다. 이렇게 강의하는 것도 과거·현재·미래 삼세가 연결되어 하게 되는 것입니다.

지금은 지금이 아니라 전생에 의해 만들어졌고 지금이라는 것이 있어 내생으로 연결됩니다. 무슨 일이든 한 가지 일을 할 때는 반드시 삼세가 연결됩니다. 이러한 자각을 하고 사는 사람과 그렇지 못한 사람은 천양지판입니다. 우리는 삼세를 알고 산다는 것이 얼마나 중요한지 알아야 합니다.

'애·취·유'는 현생에서 업을 장만하는 것이기 때문에 십이인연(十二因緣)의 과정에서 가장 중요합니다. 사랑도 전생에 지은 업식에 따라서 각도가 다릅니다. 같은 사람을 봐도 먼저 눈에 띄는 사람이 있습니다. 이것은 전생에 지어 놓았던 것이 안이비설신의 육근을 통해서 사랑으로 나타나기 때문입니다.

보통 사람이 사랑을 할 때는 먼저 육체적인 욕구에 따라 하기 쉽습니다. 사랑의 대상이 생기면 어떻게 해서든지 취하려고 합니다. 못 취하면 옆에라도 있으려 합니다. 또 취해서는 그것을 자기 곁에 오래 두려고 합니다. 이 '애·취·유' 세 가지를 그 사람이 어떻게 하고 있느냐에 따라 내생 업주머니가 달라집니다.

그런데 사랑하고 취하고 유지하려는 것은 동시 다발적으로 이루어집니다. 유지하면서도 사랑해서 취하고, 취하면서도 사랑하고 유지하기도 합니다. 이처럼 '애·취·유'가 순서대로 한꺼번에 되는 것이 아닙니다.

우리는 가치 있는 '애·취·유'를 해야 합니다. 여러분들이 이렇게 반야심경 법문을 들으면 불법을 수행하는 재능과 업식이 쌓입니다. 그래서 다음 생에 불법을 만나면 괜히 좋고 그곳에 가고 싶어집니다. 금생에 열심히 일해서 많은 돈을 벌어 이를 사랑하고 취하고 유지하면 그 업식이 많이 쌓여 다음 생에도 돈을 사랑하고 취하려 하고 그것을 오래 소유하려고 합니다.

많은 소지품 중에도 제일 가까이 두는 것이 가장 친한 것입니다. '애·취·유'를 하면 소지품을 많이 두게 됩니다. 소지품을 많이 두고 있으면 소지품을 쓸고 닦고 관리하는데 많은 시간을 들여야 합니다. 그러다 보면 내가 소지품을 위해서 사는 것인지, 소지품이 나를 위해서 있는 것인지 생각해야 할 때가 있습니다.

우리는 독립 국가를 만들어야 합니다. 내가 소지품을 거느려야 합니다. 중생은 소지품의 노예·재산·명예의 노예생활을 합니다. 우리는 해탈심으로 살아야 합니다. 그래야 편합니다. 돈·명예 등 있는 모든 것을 굴리고 다녀야지 그것을 따라다니면 문제가 됩니다.

애(愛)·취(取)·유(有)를 넘어서기 위해서

그러면 '애·취·유'를 할 때에 어떻게 하는 것이 무자(無字)의 심경으로, 걸림없는 마음으로 하는지에 대해서 생각해 보겠습니다.

나는 무엇을 사랑하고 취하고 유지하려고 하는가에 대해서 깊이 생각해야 합니다. 남녀, 진리, 물건, 자식 등 모든 것에 대한 사랑은 있어야 합니다. 그러나 사랑하되 사랑에 붙잡히지 말고, 취하되 취하는데 사로잡히지 말고, 유지하되 집착하지 말아야 합니다.

이렇게 하려면 정견(正見)을 할 줄 알아야 합니다. 사랑하는 현실을 직시해야 합니다. 사랑하는 것이 지금 여기 있지만 자꾸 변화한다는 것을 알면서 사랑해야 합니다. 사랑하기 이전을 알아야 하고 지금 사랑하는 대상도 나의 마음도 변화한다는 것을 알아야 합니다. 어디론가 자리이동을 한다는 것을 알고 사랑해야 합니다. 이것을 모르고 사랑하면 천년 만년 사랑의 대상에 끌려 다니며 살게 됩니다. 얼마 전 장안의 화제가 된 '은행나무 침대' 라는 영화를 본 적이 있습니다. 천 년 전에 사랑했던 여인에 집착하여 천년 후에도 따라 다니며 사랑을 호소하는 내용이었습니다.

이 세상 만물은 시간의 길고 짧은 차이는 있어도 계속 돌고 돈다는 것을 정견해야 합니다. 무엇을 쓸 때 정도로 쓰면 오래 쓸 수 있습니다. 도둑질한 것은 오래 머물지 못합니다. 이러한 현실정견을 해야 합니다.

어떠한 인연이든 결코 고정된 것이 아니라 돌고 돕니다. 원인은 마음에 있습니다. 더 깊이 살피면 인과의 이치 따라서 돌고 돕니다. 이것을 모르면 철이 안든 것입니다. 이것을 알면 애·취·유에 크게 걸리고 막힐 것이 없습니다. 언제나 마음이 편안하고 윤회를 면할 수 있습니다. 이에 바탕해서 우리는 사랑하는 것이 가더라도 갈 때가 되어 가는가 보다 하고 이별 연습을 많이 해야 합니다. 그리하면 보낼 때는 여유 있는 마음으로, 담담한 해탈심으로 보낼 수가 있습니다.

정각(正覺)을 해야 합니다. 무자, 즉 본래 마음이 없는 그 자리를 사무쳐서 알아야 합니다. 휴휴암(休休庵), 빈 방을 하나 장만하여 괴롭고 힘들면 그 방에 들어가 쉬어야 합니다. 이 자리를 모르면 부처님과 파수공행(把手共行) 할 수 없습니다.

정수(正修)를 해야 합니다. 내 마음의 아닌 부분을 오늘도 내일도 가라앉히고 녹여내야 합니다. 힘이 들지만 아닌 마음을 비춰서 녹여낼 줄 알아야 더럽고 곤란한 마음을 녹이고 승화시킬 수 있습니다. 법력으로 업력을 녹여야 합니다.

무무명 역무무명진(無無明 亦無無明盡)이란 '부처님은 내가 텅 비었다하는 그 마음도 없다. 무명도 없고 무명이 다했다는 것도 없다. 즉 공부했다는 상도 없다' 는 뜻입니다. 서투른 수도인이 중생을 보면 비웃게 됩니다. '나는 무자 공부를 많이 했는데 어찌 너는 그러느냐' 하는 것도 무자 공부한 흔적이 남아서 그렇게 됩니다. 이 흔적까지 없애야 합니다. 그 자리는 비었다는 것도 없습니다.

부처님은 개령(個靈)이지만 개령 속에서도 대령(大靈)의 이치가 있어 무엇이 사이에 끼지 않고 직접 바라볼 수 있습니다. 중생에게는 그 무엇이 끼어 있습니다. 그 무엇이 선입견입니다. 우리는 선입견의 무명에 가려 있습니다. 그래서 잘못된 생각, 잘못된 행동, 잘못된 업이 쌓여 윤회를 합니다. 중생은 대개 욕심으로 무명이 되고, 수도인은 욕심은 담박하지만 공부했다는 관념과 상으로 무명이 됩니다. 그러나 불보살은 무명을 없앴다는 상마저도 공한 마음으로 살기 때문에 참다운 자유인인 것입니다.

부처님은 무명이 없이 사니까 무명이 없는 밝은 행동, 밝은 식을 갖게 됩니다. 밝게 취하고, 밝게 사랑합니다. 생로병사의 수레바퀴, 육도윤회의 수레바퀴를 굴리고 다니십니다. 그런데 중생은 무명에 걸려있어 잘못 생각하고 잘못 행동합니다.

지금 이 마음이 중요하다

수행을 할 때는 '지금'이 중요합니다. 과거는 지나갔고 미래는 아직 오지 않았기 때문에 지금이 중요한 것입니다. 대종사님은 '온전한 생각으로 취(取)할 것은 과감하게 행동하고 사(捨)할 일은 결단력 있게 그만두라'고 하셨습니다. 이것이 대각의 말씀입니다. 부처님은 이 자리를 '응무소주 이생기심하라. 즉 주한바 없이 마음을 내라'고 하셨습니다. 대종사님은 또 '착없는 자리를 보아 착없는 행동을 하면 날을 기약하고 성불한다'고 말씀하셨습니다. 사물을 착없는 마음, 즉 무자 마음으로 보아야 합니다. 무엇이 끼면 그것 때문에 괴롭고 그것 때문에 어두워지고 그것 때문에 윤회를 면치 못합니다. 항상 바로 지금 온전한 마음, 무심(無心)을 챙겨서 욕심이 나면 지금 없애 버리고 화가 나면 지금 가라앉혀야 합니다. 미운 마음이 나면 지금 그 마음을 없애야 합니다. 누군가 좋아하는 상대가 있다면 집착으로 인하여 괴로움과 눈물, 때로는 의심이 따를 수도 있습니다. 이럴 경우 나는 어떠한 마음이 중심이 되었는가를 보아서 불필요한 마음이면 바로 고쳐야 하고 가치 있는 마음일

지라도 지나치지 않도록 조절해야 합니다.

　이와 같이 정견, 정각, 정수 공부를 하면 십이인연의 수레바퀴,즉 윤회를 면할 수 있습니다. 부처님이나 삼세의 성자나 수도를 열심히 하여 법력이 안으로 응축되어 있는 사람은 견성을 하고 대도를 증득하였기 때문에, 삶을 무명으로부터 시작하지 않고 지혜로 시작하고 언제나 자비로 행동하여 조화로 살아갑니다. 때문에 마음에 무명이 없고 무명이 없다는 뽐내는 마음도 없습니다. 부처님도 십이인연(十二因緣)에 의하여 거래하지만 십이인연을 굴리고 다니기 때문에 무명도 없고, 무명을 다 밝혔다는 것도 없으며 십이인연도 없다고 한 것입니다. 이렇게 십이인연에 걸림 없이 오히려 그것을 자유롭게 굴리고 다녀도 '나는 십이인연을 굴리고 다닌다' 는 상(相)도 없다는 것입니다.

無苦集滅道

1. 부처님이 중생을 제도(濟度)하시기 위하여 설하신 고집 멸도(苦集滅道) 사제법(四諦法)에도 걸림이 없는 것이요.

2. 부처님께서 중생을 제도하시기 위하여 설하신 고성제(苦 聖諦), 집성제(集聖諦), 멸성제(滅聖諦), 도성제(道聖諦) 등의 거룩하신 가르침도 적멸(寂滅)의 반야에는 없는 것 이며 그러한 불법(佛法)에도 걸림이 없이 자유자재하는 것이요.

부처님의 최초법문

이 사제 법문은 부처님께서 교진여(僑陳如) 등의 제자에게 처음 설해주신 법문, 즉 초전법륜(初轉法輪)입니다. 대종사님의 초전 법문은 최초법어이고 예수님의 초전 법문은 산상수훈(山上垂訓) 입니다.

네 가지 성스러운 가르침, 즉 사성제(四聖諦) 가운데 고성제(苦 聖諦)는 부처님께서 모든 중생을 바라볼 때에 근본적으로 '무명에 서 삶을 영위하기 때문에 고해에서 산다'고 보신 것입니다. 사람들은 자기 마음속에 있는 반야심을 알지 못하고 어두운 무명 속에서 살기 때문에 그릇된 삶을 살 수 밖에 없어서 마치 등불도 없는 어두운 방에서 살기 때문에 앞을 보지 못하여 실수투성이로 산다는 뜻입니다. 그래서 태어나는 괴로움, 늙음의 괴로움, 병듦의 괴로움, 죽음의 고통에서 살며, 또한 구하여도 지나친 욕심을 채우지 못하는 괴로움(求不得苦), 사랑하는 것과 헤어지는 괴로움(愛別離苦)과 미운 사람과 함께 살아야 하는 괴로움(怨憎會苦), 육신과 마음이 무성하게 일어나서 제어하지 못해서 생기는 괴로움(五陰盛苦)이라고 하였습니다. 이것은 인생사를 전반적으로 고해로 진단한 것입니다.

집성제(潗聖諦)는 '그 고해의 원인을 보니 집성제이더라. 즉 무명의 탐진치로 모든 것을 쌓아두고 그것에 집착하는 마음 때문에 고해가 되는 것이더라. 일생을 살면서 사랑하고, 사랑하는 것을 취하려 하고, 그 취한 것을 오래 머물러두게 하는 것 때문에 괴로운 것이다' 란 괴로움의 원인에 대한 말씀입니다. 세상 모든 것은 언제나 이합집산으로 자리를 옮기는 것이 이치입니다. 시시로 만물은 변화합니다. 이 이치를 철저하게 알지 못하기 때문에 소유한 것을 오래도록 나에게 머물게 하려는 욕심과 집착으로 괴로운 삶일 수밖에 없다는 것입니다.

멸성제(滅聖諦)는 '이 괴로움을 없애려면 멸성제를 해야 된다. 괴로움의 원인인 무명의 탐진치를 없애버리면 괴로움으로부터 벗어날 수 있다' 는 가르침입니다. 모든 성자들의 생활은 반야의 공(空)한 진리를 터득하여 늘 무심에서 삽니다. 그리고 있는 것은 변한다는 인과의 이치를 알아서 선을 짓고 악을 멀리하며 또한 내가 소유한 것도 결국 변한다는 것을 알아서 소유와 무소유에 대하여 담담한 심정으로 살기 때문에 언제나 해탈 자재합니다.

도성제(道聖諦)는 '멸성제가 되도록 까지는 도성제, 즉 팔정도(八正道)를 수행정진 해야한다' 고 한 가르침입니다. 수행정진하지 않고는 멸성제가 되지 않습니다.

성자들이 누리는 멸성제의 극락 생활은 계정혜 등으로 수행정진하여 반야의 실상자리를 깨달은 경지입니다.

사성제 법문은 쉼 없는 수행정진으로 무심한 본래 마음을 길들이고, 한 마음 작용하여(발현시켜) 인간의 도리를 실천하며 반야를 활용하는 공부를 끊임없이 하여야 한다는 뜻을 담고 있습니다.

이 사성제 법문은 부처님이 제시하신 불교의 기본 교리입니다.

불법을 벗어나야 참 자유인이다

우리는 불법(佛法)의 고·집·멸·도라는 사제의 교리를 굴리고 다닐지언정 얽매이거나 구속되지 말아야 합니다. 부처님의 경전, 법문 말씀은 대단히 소중하지만 부처님들이나 수도를 많이 한

달인들은 이를 막힘없이 굴리고 다니십니다.

그러나 처음 수도를 할 때는 교리를 굳게 믿고 교리대로 실천해야 합니다. 그 뒤는 교리를 응용, 교리를 활용하는 단계입니다. 처음부터 교리를 등한시하면 안됩니다. 처음에는 믿고 따르고 하라고 하는 대로 해야 합니다. 오랫동안 수도를 하여 달인이 되면 교리를 넘어서는 단계가 됩니다. 이렇게 부처님께서는 교리를 활용할지언정 교리에 얽매이지 않습니다.

예수께서 안식일에 대해 하신 말씀이 있습니다. 예수님이 제자에게 '사람이 안식일을 위해서 있느냐? 안식일이 사람을 위해서 있느냐?'고 물으셨습니다. 이 질문은 안식일이 사람을 위해서 있는 것이니 부득이 할 때는 안식일에 집착해서는 안된다는 뜻입니다. 안식일은 사람을 위해서 있는 것입니다. 성자가 밝힌 교리와 제도는 사람을 구원하기 위해서 있는 것입니다. 그러므로 교리에 지나치게 얽매여서는 안된다는 뜻으로 이 말씀을 드리는 것입니다.

중동에서는 끊임없이 전쟁이 벌어지고 있습니다. 그 원인이 여러 가지겠지만, 중요한 원인은 종교 교리의 원칙을 지나치게 내세운 원리주의자들의 용납성 없는 옹고집 때문이라고 합니다. 종교의 교리는 자칫 잘못하면 사람의 본성을 잃게 하고, 사람을 교법의 노예로 만드는 수가 있습니다.

대종사님은 '공부를 잘못하면 법박(法縛)이 된다'고 말씀하셨습니다. 법에 얽매인 사람이 되지 말라는 뜻입니다. 법박을 벗어나지 못하면 자유로울 수 없습니다.

당나라 때 천연이라는 스님이 있었습니다. 천연스님이 몹시 추운 겨울날, 어느 절에 갔으나 주지스님이 안계셨습니다. 주지스님이 올 때까지 기다렸으나 너무 추워서 견딜 수가 없었습니다. 그래서 천연스님이 법당에 들어가 나무로 된 부처님을 아궁이로 가지고 와서 도끼로 패어 따뜻하게 불을 땠습니다.

주지스님이 와서 그 모습을 보고 '스님이 부처님을 그럴 수 있는가' 라고 질책을 하자, 천연스님은 '추운 날 산부처님을 위해 나무를 땠는데 무엇이 잘못인가' 라고 답하고는 천연스럽게 불이 다 탄 뒤에 재에서 무엇을 찾았습니다.

주지가 '무엇을 찾는가?' 하니, '부처님의 사리를 찾는다' 고 하자, 주지가 다시 '나무한테 무슨 사리가 있는가?' 하니, 천연 스님이 '그래서 나무를 땠다' 고 답했습니다.

이 예화는 불법에 얽매이지 않는 행동을 해야 한다는 뜻입니다. 그러나 천연스님 또한 근본은 무아이며; 무법이라는 성품의 공한 자리에만 집착한 것이 아닌가 하는 생각이 듭니다.

걸림이 없어도 결국은 교리로 돌아옵니다. 걸림이 없는 마음으로 다시 법에 돌아와야 합니다. 걸림이 없다하여 모든 것을 다 무시하면 이것을 '공(空)에 떨어졌다' 고 합니다. 텅 빈 마음으로, 교리로 예절로 다시 돌아와야 합니다. 예절에 걸려서 예절을 행하는 사람과 예절을 넘어서서 예절로 돌아온 사람과는 다릅니다. 텅 빈 마음으로 교리로, 예절로 다시 돌아오는 사람을 보고 완성된 무자 공부를 한 사람, 공도리를 잘 활용하는 사람이라 합니다.

이처럼 고·집·멸·도의 사성제가 무(無)라 했습니다. 무는 만법이 태어나기 이전의 소식을 늘 알고 생활하는 것입니다. 항상 그 자리에 대한 입정 출정을 마음대로 할 줄 아는 것입니다. 속상한 일이 있어도 얼른 무(無) 자에 들어가서 아무렇지 않아야 합니다. 아이들은 꾸중을 듣고 울다가도 한잠 자고나면 다 잊어버리고 다시 애교를 부립니다. 이는 무(無) 자리에 들어가서 쉬고 나왔기 때문입니다. 이처럼 우리 마음에 사심 잡념이 일면 얼른 무(無) 자리에 들어갔다가 나와야 합니다. 들어갈 자리, 나올 자리에 대한 출입을 마음대로 해야 부처님입니다.

불법은 부처님이 정각을 하기 전에는 없었습니다. 불법은 부처님께서 중생을 건지기 위해서 내놓은 것입니다. 우리들로 하여금 법있는 생활을 하고 복을 짓고 지혜를 닦게 하기 위해서 내놓으셨습니다. 그러므로 우리는 불법에 묶이지 않고 불법을 활용하는 능력을 길러야 합니다. 그러면 이 불법은 어디에서 나왔겠습니까? 한 생각 이전, 반야자리에서 나왔습니다. 불법이 나온 원천지, 발원지를 터득하면 고·집·멸·도가 없다는 심정을 이해할 수 있을 것입니다. 나아가서 중생을 제도하고자 한다면 걸림이 없는 마음으로 부처님의 교리를 실천하여 천만 세행(細行)을 다듬어야 합니다. 이렇게 해야 불법에 걸림이 없다고 할 것입니다.

無智亦無得 以無所得故

1. 깨달음에도 걸림이 없고 얻음에도 걸림이 없으며 총체적으로 말하면 모든 것에 걸리고 막힘이 없나니라.

2. 반야의 자리를 증득하면 아는 것이나 깨달음에 걸림이 없고, 본래 갖추어 있으므로 따로 얻을 것도 없으며 총체적으로 말하면, 나도 없고 대상도 없으므로 얻을 바가 없는 허공법계 천지의 주인이 되어 모든 것으로부터 자유이며, 모든 것을 임의 자재로 활용하는 대자비(大慈悲)인 것이니라.

깨달았으나 깨달은 흔적이 없고

부처님은 깨달았으나 깨달은 흔적이 없고, 지혜롭지만 자기 지혜에 속지 않는 분입니다. 그러나 중생은 자기 꾀에 자기가 속기 쉽습니다. 중생은 아는 것이 병이나, 부처님은 깨달으신 진리와 지식을 굴리고 다닐지언정 그것에 얽매이거나 걸리지 않습니다. 진리자리는 무득(無得), 즉 얻을 수 없는 자리를 얻은 것이기 때문에 부처님은 지혜로움이 없는 그 자리를 능히 활용하시는 분입니다.

무지역무득(無智亦無得)은 지혜로움도 없고 얻을 것도 없다는 뜻입니다. 이무소득고(以無所得故)는 통틀어서 말하자면 부처님께서는 얻을 바가 없는 그 자리에 주해서 만법을 다 활용하는 분이라는 의미입니다. 이렇게 하는 사람을 대자유인(大自由人)이라고 말할 수 있습니다.

자유에는 명암자유(明暗自由)가 있습니다. 명암자유는 부처님께서 얻을 것이 없는 그 자리를 늘 시용(施用)하시기에 명암을 자유로 하신다는 의미입니다.

대종사님 당시 일제하 조선총독부는 대종사님을 인도의 간디와 같은 분으로 지목하고 직접 총부에 와서 대종사님을 만나보고 위험인물인지 아닌지를 판단하기로 했습니다. 대종사님께서 이 때 이들을 응대할 때 무엇을 잘 모르는 촌 영감님처럼 응대했습니다. 그러자 총독부 사람이 대종사님이 간디와 같다는 말은 헛소문이라는 결론을 내리고 돌아갔습니다.

그 때 대종사님께서 아는 체 하셨으면 문제가 되었을 것입니다. 이와 같이 성현은 어두울 자리에는 확실히 어둡습니다. 부처님은 명암(明暗)을 자유로 하여 어두울 자리에 확실히 어둡고 밝을 자리에 확실히 밝습니다.

대산종사께서 상사로 계셨을 때 뵈면 언제 저 분이 종법사님이셨던가 하는 생각을 하게 됩니다. 보통 노인이 되면 경험이 쌓여서 집안 살림이 환합니다. 아들 며느리의 잘못을 환히 알 수 있기에 속이 더 괴로울 수 있습니다. 밝혀서 고칠 수가 없는 경우는 촛불의 촉수를 낮추고 모르는 체 하는 것이 좋습니다. 다 아는 체 하면 피차가 괴로워서 살기 어렵습니다. 명암을 자유로 굴리는 사람은 참으로 편안합니다. 똑똑한 사람치고 매사에 괴롭고 답답해 하지 않는 사람을 찾아보기가 힘들죠. 밝은 전기불을 켤 필요가 없을 때는 미등을 켜야 합니다. 밝혀야 될 때 밝혀야지 항상 밝기만 하면 안됩니다.

능졸자유(能拙自由)가 있습니다. 능할 자리에는 능히 능하고, 졸할 자리에는 순진해야 합니다. 부처님은 어린아이처럼 서툴고 졸렬하게 보일 때가 있습니다. 따라서 능과 졸을 가지고 이럴 수도 저럴 수도 있는 분입니다. 범부중생은 재주 때문에 불필요한 일을 만들고 그 재주를 남이 알아주지 않으면 원망하고 괴로워합니다. 재주가 없는 사람은 없어서 걱정이고, 재주가 많은 사람은 많아서 걱정입니다. 부처님은 갖가지 재능을 다 갖추셨습니다. 그래서 부처님 은혜가 충만하고 지혜로우시지만 그 재능으로 인하여 불필요한 일을 하지 않고, 남이 알아주지 않는다고 마음고생하는 일이 없습니다.

거래자유(去來自由)가 있습니다. 부처님은 생사를 자유로 하시는 분입니다. 인생을 깊이 생각해 보면 우리는 하루하루 죽음을 향해서 걷고 있는 것입니다. 지금 시간도 죽음의 길을 따라서 뚜벅뚜벅 가고 있는 것입니다. 그런데 보통 사람들은 죽는다는 자각은 없고 사는 일, 현생 일만 생각하고 있습니다. 이러한 사람은 죽으면 어디로 가는지, 어떻게 죽어야 잘 죽는 것인지 모르고 사는 것입니다. 부처님은 죽고 태어나는 일을 마음대로 선택할 수 있는 자유인입니다.

부처님은 복을 만들기도 하고 지혜를 밝히기도 합니다.

부처님은 무엇에도 걸림이 없는 자유인, 해탈인, 능력인이기에 어떤 말로도 한마디로 표현할 수가 없습니다.

대산종사님께서 대각여래위를 설명하실 때 그 분은 뭐라고 흉내 낼 수 없고, 말할 수도 없고, 한정 지을 수 없는 분이라고 하셨습니다

5

반야의 수행품

故菩提薩埵~得阿耨多羅三藐三菩提

이렇게 공부하라 / 보살은 이렇게 공부한다

반야의 진리에 표준하여 / 마음속에 있는 반야

걸림이 없는 마음으로 / 부동심(不動心)을 만들자

반야에 의지하면 지혜가 생기고

반야의 빛으로 욕심을 비추어 녹여라

반야의 힘으로 꿈에서 깨어나자 / 삼세의 부처님은 어떻게

부처님의 실력 / 영혼과 물질을 지배하는 실존자

제5장

반야의 수행품

菩提薩埵 依般若波羅蜜多故
心無罣碍 無罣碍故 無有恐怖
遠離顚倒夢想 究竟涅槃 三世諸佛
依般若波羅蜜多故
得阿耨多羅三藐三菩提

　반야심경을 공부할 때 '반야의 진리로 어떻게 자신을 인격화 할 것인가, 또 생활화 할 것인가' 라는 문제의식이 있어야 합니다. 반야를 인격화 생활화하는 과정을 수행이라 합니다. 이 장에서는 그 수행에 대하여 밝혔습니다. 똑같은 반야에 표준하여 공부하여도 보살의 법력과 부처의 법력에는 단계가 있음을 설명하였습니다.

　마치 부처님 초전 법륜의 구조처럼 고(苦)라는 현상을 고성제(苦聖諦)라 하였고, 그 고의 원인을 제시하기를 집착 때문이라고 하여 집성제(集聖諦)를 말하였듯이 앞의 부분에서는 부처님들의 반야를 증득한 것을 설명하였다면, 이 수행품은 반야를 증득해 가는 과정을 말씀하셨습니다.

반야의 진리가 있음을 알고 그것을 실생활에 활용하는 노력이 없다면, 어떤 의미에서 반야는 그림의 떡과 같은 것입니다. 그래서 부처님께서는 공부인에게 반야를 실천하도록 수행길을 밝혀 놓았습니다.

이렇게 공부하라

앞에서 설명한 내용을 요약하면 '부처님이나 수행인들은 진리를 깨달아서 이렇게 사셨다. 즉 육신세계와 정신세계, 십이인연(十二因緣)과 십팔계(十八界), 불법에도 얽매이지 않는 대자유인이고 대능력인이다' 란 말씀입니다.

지금부터 설명하고자 하는 것은 '진리가 이렇게 생겼고 부처님은 이렇게 사셨는데 이를 거울삼아 너희 수도인들은 이런 단계로 이렇게 공부를 해야 한다' 란 말씀입니다.

우리가 반야심경을 공부하는 것은 '반야를 깨달아서 삶의 현장에서 어떻게 생활화해 갈 것인가' 에 대한 물음에 답을 얻는 것입니다. 이것이 중요합니다. 반야심경에서 생활의 철학, 삶의 나침반, 고를 영원히 벗어나는 길을 기어코 찾겠다는 맹세가 중요한 것입니다. 반야심경을 그저 독서의 대상으로, 지식을 얻는 수단으로 여겨서 교양을 넓히는 정도의 자세라면 공부를 마치고 책을 덮는 순간부터 반야심경과는 거리가 멀어질 것입니다.

故菩提薩埵依般若波羅蜜多故
心無罣碍 無罣碍故 無有恐怖

1. 보살은 반야의 진리에 표준하여 이상의 저 언덕에 도달
   하는 공부를 하므로 마음에 걸리거나 막힘이 없고, 걸림
   이 없는 까닭에 두려움이 없나니라.
2. 공부하는 보살들은 반야심에 표준하여 불국정토의 낙
   원세계에 도착하려는 지극한 정성을 들이므로, 마음이
   내외(內外)의 모든 경계에 걸림이 없고, 이렇게 걸리고
   막힘이 없는 까닭에 일체의 경계에 불안함과 두려움으
   로부터 해탈을 얻었나니라.

보살은 이렇게 공부한다.

보리살타는 본래 뜻이 각유정(覺有情)으로 깨달은 사람이라는
의미로 쓰였습니다. 자각각타(自覺覺他), 스스로 깨달았고 남도
깨닫도록 하시는 분, 자기를 희생하여 남에게 보시하며 자비를 충
만하게 베푸는 분입니다. 보리살타는 공부와 행동이 부처님에 버
금가는 능력이 있는 분입니다. 이러한 분을 보리살타라고 하는데
이같이 깨닫고 실천하고 베풀려고 마음먹은 모든 불제자를 나중

에 보살로 통칭하게 됩니다. 보리살타를 줄인 말이 보살입니다.

이처럼 보리살타는 부처님 되기를 발원하여 마음공부를 하고, 부처님을 모시고 살고 싶어 하고, 발심을 내어 수도하는 모든 사람들입니다. 이러한 의미에서 원불교에 입문한 우리 모두가 보살입니다. 부처님이 되고자 믿고 공부하기 때문입니다.

보살은 처음 불법을 만나서 불연(佛緣)을 맺습니다. 이 인연이 계속되어 불법에 대한 믿음이 생깁니다. 그래서 불법, 스승, 교단, 진리를 자신의 가슴으로 받아들이게 되어 생활의 중심축이 됩니다. 모든 생활을 교리정신으로 하려고 노력해서 기존의 가치관이 바뀝니다. 이러한 단계는 '특별한 신심의 단계' 입니다.

이 단계에서는 '죽으면 어디로 가는가. 내생이 정말 있는 것인가. 자기가 지어서 받는 것이 확실한가. 불보살은 늘 마음이 편안하고 번뇌가 없다는데 윤회의 고통을 벗어나는 길은 무엇인가…' 등의 문제의식을 가지고 '나도 불보살처럼 깨닫고 직접 실천해야겠다' 며 수도에 대한 발심을 하게 됩니다. 그래서 좌선과 기도를 하고, 계문을 지키고, 법회에 참석하여 보기도 하고, 스승을 찾아 법문에 대한 문답도 열심히 합니다. 그리고 불보살 되는 것이 '마음공부를 하면 되는구나' 라는 생각으로 정진하다가 실제적으로 반야심을 가늠하게 됩니다. 그리하여 마음공부의 한 까닭을 잡고 공부를 하게 됩니다. 이때부터 자신이 '수도인이다. 공부인이다. 보살의 길에 들었구나' 하며 자부심을 갖게 됩니다. 또 불법에 대한 상당한 깨달음이 생기고, 불법실천에 열중하며, 부처님 사업이 바로 자신의 일이 되어 세상을 구제하는 일에 기쁘게 동참하므로써 남들에게 인증을 받기도 합니다.

반야의 진리에 표준하여

의반야바라밀다고(依般若波羅密多故)는, 반야바라밀다에 의지하고 표준하여 마음공부를 한다는 말씀입니다. 좀 더 구체적으로 설명하자면 반야에 의지한다는 것은 반야의 진리를 신앙하며 반야의 교리에 표준하여 반야심을 깨달아서 공부하는 것을 뜻합니다. 보통 사람들이 사는 모습을 보면 '지금 저 사람이 어느 항구를 향하여 가고 있는지' 알 수 없는 경우가 많습니다. 때로는 허망한 것을 믿고 의지하며 살아가는 경우도 있습니다. 불보살이 되고자 공부하는 사람은 용맹정진해야 하는데, 그러려면 먼저 교리반야에 표준하여 마음공부를 해야 합니다.

부처님이 제시하신 교리에는 반야정신이 있습니다. 이 반야의 정신이 함축되지 않는 종교의 교리는 저급한 종교이거나 일과성 종교라고 할 수 있습니다. 그리고 부처님이 내놓으신 교리에는 시대정신이 잘 나타나 있고, 그 시대를 잘 살아가는 비전이 담겨져 있습니다.

우리는 부처님 경전에 나타난 교리반야의 내용을 정독하고, 스승에게 배우고, 본인이 연구하여 자신의 세속적인 가치관을 바꾸어야 합니다.

삶의 중심개념이 불법정신으로 가득해야 합니다. 이것은 부처님이 밝혀주신 반야의 광명을 자신의 가슴으로 옮겨 놓는 것이라 할 수 있습니다.

사회생활, 직업, 자녀교육, 언행, 세계관 등 모든 생활 속에서 반야의 불법에 표준하여 잘잘못을 판단해야 합니다. 이러한 생활을 쉬지 않고 하게 되면 누가 보아도 '저 사람은 불제자' 라고 인증하게 됩니다.

그리고 우리는 반야의 진리를 믿고 받들어 거기에 복을 빌고, 즐겁고 괴로운 일을 고백하는 일을 지성으로 해야 합니다. 사람은 급하고 어려운 일을 당하면 나이를 불문하고 어머니를 찾습니다. 사람은 무의식중에 어머니에게 의지하고 사는 것입니다.

여러분은 두려운 일을 당하면 무엇을 떠올리고 위로를 받습니까? 어떤 분의 감상을 들었는데 감춰놓은 돈이 있어 안심한다고 하셨습니다. 이것을 나쁘다고 말 할 수는 없습니다. 하지만 우리는 천지자연과 만물을 지배하는 법신인 반야의 진리를 부르고 그곳에 의지해야 진정한 위로를 받을 수 있습니다.

반야의 다른 이름으로 법신불이 있습니다. 우리는 자신이 어렵고 곤란한 일, 즐겁고 기쁜 일, 소원하는 바가 있으면 조석으로 축

원기도를 올리며 법신불을 간절하게 부르고 신앙해야 합니다. 이렇게 지성으로 법신불을 부르고 찾으면 어머니 품처럼 훈훈한 법신불에 합일하여 나와 법신불이 하나 되는 곳에 이릅니다. 이곳이 열반이며 저 언덕입니다.

마음속에 있는 반야

또 우리는 마음속에 있는 반야를 직접 찾아서 회복해야 합니다. 이것이 실천반야이며 조건반야입니다. 우리 마음속에는 반야공상(般若空相)이 있습니다. 이것을 여래장(如來藏)이라고도 합니다. 모든 성자의 태와 같은 자리입니다. 어머니에게는 자녀를 기르는 태가 있듯이 우리 마음속에도 나를 성자로 만들어 주는 태자리가 있습니다. 이 자리는 견성을 하면 알게 됩니다. 모르면 화두를 가지고 찾아야 합니다. 생각이 어디에서 나옵니까? 생각이 어느 곳으로 소멸됩니까? 잘 궁구하면 바로 알 수 있습니다. 어떤 사람이 '부처님의 무심의 마음은 어떤 것인가' 하고 참구하였습니다. 그 사람이 식사를 한 후 이 사이에 낀 것을 찾다가 '아하! 찾고 있는 이 마음이 바로 부처님의 무심이구나' 하고 알았다고 합니다. 어렵게 생각하지 말고, 쉽다고도 생각하지 말고, 쉬지 말고 정신이 맑아질 때 마다 의두를 잠깐씩 꺼내 들면 우연자연한 가운데 고요하고 성성한 반야의 그 마음을 알게 됩니다.

우리는 부처를 기르는 이 태자리를 바탕삼아 탐심 진심 치심이 나올 때 본래 마음을 대조하여, 아닌 마음을 본래 마음으로 바꾸어야 합니다. 우리는 욕심의 검은 구름인 탐욕심에 쌓여 있고, 자신의 뜻대로 되지 않을 때 화를 내고, 남을 속이고 나를 속여서 치심이 일어납니다. 이럴 때 바로 마음을 대조해서 본래 마음을 찾아 회복해야 하는 것입니다. 이렇게 하면 그 때가 바로 불심이며 자성 극락입니다.

그리고 '나는 공부를 잘한 사람이다. 공부를 잘못한 사람이다. 착한 사람이다' 등의 상(相)이 자신을 괴롭힐 때에도 본래 마음을 대조하여 아닌 마음을 없애야 합니다. 또 관자재보살이 그랬듯이 분별망상, 시기 질투심이 일어나면 즉시 마음을 비추어 조견(照見)함으로써 바람에 안개가 걷히듯, 화로에 눈이 녹듯, 오탁한 마음을 없애야 합니다. 또 마음을 내서 일을 할 때는 '옳은 마음인가, 그른 마음인가? 이로운가, 해로운가?'를 그때그때마다 불법교리(佛法敎理)에 표준하여 살펴야 합니다. 그래서 언제나 옳은 생각이 주장 되도록 해야 합니다.

실천반야를 강령으로 말하자면 '일이 없으면 무심반야(無心般若)에서 소요하고, 일이 있으면 정심반야(正心般若)를 실천하자'라고 할 수 있습니다.

걸림이 없는 마음으로

심무과애 무과애고 무유공포(心無罣碍 無罣碍故 無有恐怖)에 대해서 설명 드리겠습니다.

앞에서 설명한 바와 같이 보살이 반야에 의지 또는 표준하여 마음공부를 하면 그 결과, 마음을 자유로 하는 반야의 능력이 쌓이게 됩니다. 그리하여 우리 인생의 제일 문제인 오욕(五慾)에 걸리고 막힘이 없어져서 요란하지 않는 부동심(不動心)이 됩니다.

범부중생은 근본적으로 반야를 알지 못하기 때문에 무명업력이 앞을 가로 막아서 언제나 업력에 구속받고 경계의 유혹을 받게 됩니다. 그래서 마음 편할 날이 없고, 원망심 없는 날이 별로 없는 부자유와 고통의 나날을 살게 됩니다.

우리를 고통스럽게 하는 것을 여기서는 '마음에 걸리는 것' 이라고 간단하게 표현했습니다만 구체적으로 설명하면 이렇습니다. 육신이 있어 육신에서 나오는 욕망이 있습니다. 이 욕망은 남녀욕, 식욕, 편안하고자 하는 욕망 등으로 죽을 때 까지 평생 따라 다닙니다. 우리들의 밝은 영성이 육신이라는 감옥에 갇혀 있는 셈입니다.

우리를 걸리고 막히게 하는 것으로, 우리를 둘러싸고 있는 인연이 있습니다. 부모형제, 친척, 자녀, 친구 등 수많은 인연들이 나의 권속으로 자신을 감싸고 마음을 거래하면서 걸리고 막히게 합니다. 여러분에게 고통이 있다면 이 인연 때문에 생긴 것입니다.

그리고 여러 생전부터 심신작용을 하여 길들여 놓은 마음버릇이 우리를 걸리고 막히게 합니다. 이 마음버릇은 우리의 성격을 조성합니다. 급한 성격, 내성적인 성격, 들뜨는 마음, 우울함, 가벼움, 민주적이라는 사상, 자유주의라는 관념, 착한사람이라는 생각, 악한 사람이라는 관념 등 수많은 마음버릇이 자신을 옭아매고 있습니다.

이와 같이 육신 때문에 생기는 고(苦), 인연으로 인하여 생기는 고, 마음버릇으로 인하여 생기는 고가 우리 자유로운 영혼의 발목을 잡고, 걸리고 막히게 합니다. 이것을 '숙세의 업' 이라 합니다. 이 숙세의 업에서 자유롭고자 한다면 반야를 실천하는 것 외 다른 방법이 없습니다. 반야에 의지하여 마음 길들이기를 오래 오래 하면 마음에 힘이 생깁니다. 무엇이든 계속 쌓아 모으면 폭발적인 힘이 응축됩니다. 돈을 절약하여 모으고, 지식을 모으고, 사람을 모으면 그 내부에서 힘이 생기는 것입니다. 이와 같이 마음을 반야에 의지하여 수행하면 마음을 자유로 하는 힘이 생깁니다. 여러분은 어떠한 마음을 먹을 때 그 마음이 지속됩니까? 그 마음이 지속되어 마음을 마음대로 할 수 있다면 이것을 반야용선이라고 할 수 있습니다.

부동심(不動心)을 만들자

우리가 산다는 것은 자신의 육근(六根) 또는 마음이 세상의 여섯 가지 경계에 출입하면서 은혜를 받기도 하고 주기도 하는 과정입니다. 문제는 우리 마음이 세상에 펼쳐져 있는 흥망성쇠의 경계를 출입하면서 더럽혀지기도 하고, 정 때문에 집착하기도 하고, 경계를 둘러싸여 제 정신을 잃기 쉽다는 것입니다. 우리가 반야공부를 하면 경계에 물든 것이 담박해 지고, 걸림이 줄어들고, 유혹에 흔들리지 않게 되어 결국 부동심이 됩니다.

공포심이 없다는 것은 요란함과 어리석음과 그름이 없이 반야가 마음의 중심이 되어 인생의 괴로운 파도, 즐거운 바람에도 여여한 태산과 같은 부동심이 된다는 것입니다. 우리 자신이 반야의 중심, 인과의 바른 마음, 철주의 중심이 되어 명예, 권리, 이권 등에 결코 흔들리지 않고 여여하다면 이 얼마나 보배로운 것인지 생각해 보십시오.

생사의 바다를 건너 우리는 죽음 앞에서도 여여한 부동심을 가져야 합니다. 시시비비의 세풍(世風)앞에서도 정의의 마음이 흔들리지 않는 의연한 부동심을 가져야 합니다. 제가 학교에 다닐 때 노점에서 오뚝이를 구입한 적이 있는데, 오뚝이는 어느 곳에 함부로 던져도 곧 바로 섭니다. 우리도 어느 곳, 어느 환경에서나 흔들리지 않는 태산과 같은 반야의 부동심을 가져야 공포를 떨쳐버릴 수 있습니다.

遠離顚倒夢想 究竟涅槃

1. 반야에 표준하여 공부를 하면 그릇된 생각이 멀리 떠나게 되고 나아가 번뇌망상과 근심걱정을 벗어나는 반야의 진리에 합하게 되나니라.

2. 반야의 진리에 의지하고 그에 표준하여 공부하면 일체의 비도덕적인 꿈같은 생각에 사로잡히지 않는 바른 지혜가 생기며 구경에는 두렷하고 고요한 반야의 진리에 합일하는 경지에 이르게 되나니라.

반야에 의지하면 지혜가 생기고

반야바라밀다에 의지해서 공부를 많이 하면 지혜가 생겨 안심을 얻을 수 있고, 전도몽상을 멀리할 수 있습니다.

전도(顚倒)는 '뒤집힌다, 뒤집어진다, 앞 뒤 본말이 뒤바뀐다' 란 뜻입니다.

전도에는 가치전도(價値顚倒)가 있습니다. 범부 중생은 가치 있는 일과 그렇지 않은 일을 뒤집어 생각합니다. 공자님께서 마구간에 불이 났다는 보고를 받고 '마부는 괜찮은가?' 하시고 말에 대해서는 묻지 않으셨다 합니다. 하지만 생각은 하셨을 것입니다. 보통 사람은 말이 안탔는지, 얼마나 손해가 났는지, 먼저 물질을 걱정하게 됩니다. 범부중생에게는 전도몽상되는 일이 너무 많습니다.

시비전도(是非顚倒)가 있습니다. 중생은 옳은 일인지 그른 일인지 판단을 잘 못합니다. 지금 해야 옳은 일인지, 다음에 해야 옳은 일인지를 분간 못하는 것을 말합니다. 부모님께 효도하는 일과 자식을 사랑하는 일을 혼동하고 공익을 위하는 일과 개인을 위하는 일을 혼동하여 거꾸로 행동하기도 합니다.

이해전도(利害顚倒)가 있습니다. 정말 이롭고 해로운 것이 전도되는 경우가 있습니다. 정신이 중요합니까? 물질이 중요합니까? 수레를 빨리 가게 하기 위해서는 말을 채찍질 해야 됩니까? 수레를 때려야 됩니까? 답은 분명한데 전도되는 경우가 있습니다. 왜 이런 전도가 있을까요? 전도되지 않으려면 어떻게 해야 할까요? 반야바라밀다에 의지해서 공부를 하면 전도가 되지 않습니다.

반야의 빛으로 욕심을 비추어 녹여라

마음속에 오욕의 흑운이 가득 차 있으면 어두운 밤길을 등불 없이 걷는 것과 같습니다. 그런데 오욕을 걷어내면 바로 자성광명이 나타납니다. 이것은 근본지(根本智)라고 합니다. 누구나 근본적으로 갖추어있는 지혜입니다. 우리가 공부하여 얻은 지식은 누구에게는 더하기도 덜하기도 하는 것이지만, 이 근본지(根本智)는 성자에게 더 많이 있지도, 중생에게 덜 있는 것이 아니고 똑같이 평등하게 갖춘 것입니다. 다만 그 근본지를 욕심이 덮고 있는가, 덮고있지 않는가 하는 차이이며, 그것을 깨닫지 못하였을 뿐입니다.

수행은 의두를 지성으로 연마하여 근본지를 찾고, 또 자성광명을 이용하여 경계를 당하거나 생각을 일으킬 때마다 반야의 빛으로 욕심을 비추어서 바로 녹여내는 것입니다. 그러면 결국 자성광명이 온전하게 비추어서 사물을 볼 때 정견을 하게 되고 옳은 판단을 하게 됩니다. 이를 일컬어 지각(智覺)이 열렸다고 합니다. 지각은 나의 처지를 알고, 또는 내가 지금 해야 할 일을 알아차리고, 또는 내가 짓고 내가 받는 이치를 알고 본심(本心)을 아는 것입니다.

범부중생의 정신세계는 허망한 꿈속인 경우가 있습니다. 이미 지난 과거를 잡고 눈물 흘리고, 웃고, 원수 삼기도 합니다. 또 아직 오지 않은 미래를 염려하여 신경쇠약자가 되어 불안하고 초조한 생활을 하는 사람이 많습니다. 늘 기분과 감정이 들뜨거나 가라앉아 우울해 하는 사람도 있습니다. 이렇듯 꿈을 꾸듯 살고 있는 사람들이 많습니다. 이러한 사람은 요즈음 농촌에 일손이 모자라서 방치되어 잡초가 무성한 논밭과 같습니다. 범부중생의 영혼은 늘 번뇌의 먹구름으로 뒤덮인 것과 같은데, 이를 극복하여 정견을 하고 본성의 깨끗한 마음을 회복하려면 반야를 믿고 그 반야를 깨달아서 그에 표준하여 닮아가야 합니다.

반야의 힘으로 꿈에서 깨어나자

우리는 반야의 근본지를 찾아 그에 의지하여 마음을 자유로이 할 수 있는 심력을 갖추어야 합니다. 전도된 생각, 꿈속 같은 번뇌 망상의 구름을 걷고 티끌을 말끔히 청소하는 것은 반야의 힘입니다. 반야의 힘을 얻으면 그곳이 열반, 극락, 불지촌, 천국이며 심낙원입니다. 우리가 이것을 성취하려면 반야에 의지한 마음공부 외에 다른 길이 없음을 명심해야 합니다.

이렇게 반야 공부를 열심히 하면 열반의 땅에 이르는데 처음은 안심(安心)열반입니다. 어디를 가나, 누구에게 무슨 일을 당하여도, 죽음이 자신에게 오더라도 안심을 합니다. 안심열반에서 더 나아가면 무심(無心)열반에 이릅니다. 사랑하는 마음, 미워하는 마음 등 모든 마음을 거두면 무심이 됩니다. 그리하여 시비에 무심하고, 호(好)·불호(不好)에 무심하고, 생사에 무심한 열반에 이르게 됩니다. 물론 '무심을 했다'는 상까지도 없는 무심입니다.

다음은 정심(正心)열반입니다. 일을 하다 보면 생각을 할 수 밖에 없습니다. 무심을 하는 것은 사실 바른 생각을 하기 위함입니다. 일을 하면서 인과에 매하지 않고 옳은 마음을 내는 것, 또는 그 때 그곳에 알맞게 마음을 사용하는 것을 정심열반이라 할 수 있습니다.

三世諸佛 依般若波羅密多故 得阿耨多羅三藐三菩提

1. 삼세의 모든 부처님도 반야의 진리에 표준하여 불지(佛地)에 도달하였으므로 대원정각(大圓正覺)을 성취하였나니라.

2. 과거, 현재, 미래의 모든 부처님들도 다른 법으로 부처를 이룬 것이 아니라, 반야의 진리에 의지하여 불지에 도달하는 공부를 하여 결국에는 대원정각을 성취할 수 있었나니라.

삼세의 부처님은 어떻게

삼세는 과거세, 현재세, 미래세를 말합니다. 부처님은 숨어 계시기도 하고 현세에 이름을 드러내서 교문을 열고 중생 제도사업을 하시기도 합니다. 영웅호걸은 일터를 잃으면 세상을 원망하고 자제력을 잃고 타락합니다. 부처님들은 자기 자신이 일해야 할 때가 아니면 그 당시의 주세불에게 힘을 미뤄주고 능력을 감추면서 살 수 있습니다. 그리고 다음 생을 확실하게 준비합니다.

삼세의 부처님들은 상당히 많은 생애를 이름없이 주세불을 돕는 생활을 합니다. 경우에 따라서는 나보다 능력이 모자란 도인이 주장하는 경우도 기꺼이 감사한 마음으로 제자가 되어서 제도사업을 하기도 합니다.

이러한 부처님들의 영생을 범부는 도저히 알 수가 없고, 볼 수도 없습니다. 만나도 안목을 갖추지 않으면 몰라보기 일쑤입니다. 부처님들은 삼세를 자유자재하며 일터를 삼기도, 놀이터를 삼기도, 공부터를 삼기도 하는 분들입니다. 이와 같은 부처님들이 결국은 어떻게 그렇게 큰 능력을 갖추셨는가 하면 그분들도 반야바라밀다에 의지하고 이를 표준해서 공부한 결과 부처님의 인격을 성취하여 아뇩다라삼먁삼보리를 얻은 것입니다. 아뇩다라삼먁삼보리 (阿耨多羅三藐三菩提)는 무상대도, 대원정각, 무상정등정각입니다. 일반적으로 부처님이 깨달아서 활동하시는 것을 대원정각이라고 합니다. 이는 불법을 깨달아서 얻은 최고의 경지를 표현한 말입니다. 부처님들은 바로 반야바라밀다에 의지해서 이를 표준으로 공부하시고 적공하셨기에 대원정각을 이루신 것입니다.

범부 중생의 큰 결함은 자신을 포기하는 것입니다. 그들에게 공부를 하라고 하면 '부처님 혹은 스님이나 교무님이 하는 것이다' 라고 합니다. '우리는 믿고 살면 되지, 스스로 부처님이 된다는 것은 불가능한 일이다' 라고 자기 자신을 포기합니다.

내가 부처되겠다고 발심을 하고 마음먹으면 부처되고 싶은 사람과 기운이 서로 통합니다. 동기상감(同氣相感)합니다. 부처가 되고 싶다고 마음먹으면 그런 사람들이 모여 동업자가 되어 어울립니다. 부처님들과도 마음이 통해서 그 부처님이 그냥 지나가지 못하고 어떻게 해서든지 부처가 되도록 책임지고 도와줍니다.

부처님의 실력

부처님들께서는 돌아가서서 쉬는 곳, 도솔촌 내원궁 같은 곳에서 '얼마나 부처를 만들었는가. 얼마나 발심을 시키고, 발심 수도인에게 공부길을 잡아주었는가' 란 것으로 부처님의 실력을 평가한다고 합니다. 부처님은 부처님 만드는 기술을 가지고 있습니다. 부처 만드는 공장을 만들어서, 업장이 두텁든지, 지식이 있든지, 권력이 있든지 간에 그 사람이 발심을 하면 공장으로 데리고 와서 부처를 만듭니다. 부처 만드는 공장이 어디입니까? 바로 원불교 교당입니다. 훈련도량이며 선방입니다. '건져주! 살려주!' 하는 중생들이 있으면 부처님은 그냥 못 지나갑니다. 그냥 지나간다면 부처님이 아닙니다.

부처님은 부처될 사람을 잘 발견합니다. 신심이 장하고 부처될 서원이 장한 사람은 도솔촌 내원궁에서 '얼마 안 있으면 부처되겠다' 해서 미리 경축식 즉 성성식(成聖式)을 해줍니다. 꽃비를 내리고 앞길이 환히 열리도록 경축식을 해준다고 합니다. 미리 알고 중생을 면하는 졸업식을 먼저 시켜주시는 것이지요.

이처럼 삼세제불께서도 다 이 반야공부를 깨달아서 그것을 단련하여 대원정각을 이루신 것입니다.

앞에서 보살이 반야에 의지하여 마음공부를 정성스럽게 하면 밖으로 부동심이 되어 마음의 공포를 떨쳐 버리고, 모든 경계에 걸리고 막힘이 없고, 안으로 열반의 경지에 이르러 전도몽상과 번뇌망상을 없애고, 지혜를 얻어서 언제나 극락정토에서 살아가는 심력을 얻는다는 것을 설명드렸습니다. 이렇게 반야에 의지해서 정진을 하면 보살이 되고, 더욱 정진하면 부처가 됩니다. 지금까지 많은 부처님이 오셔서 인류를 구원하셨습니다. 인류를 구원하셨기에 부처님은 인류의 스승으로 영원한 세상에 존경을 받으시는 것입니다.

영혼과 물질을 지배하는 실존자

반야는 우주만물에 함께 있으면서 영혼의 세계와 물질의 세계를 동시에 지배하는 거룩한 실존자입니다. 이 반야실상 자리는 세 가지 성격을 가지고 있습니다. 첫째, 한량없이 넓고 깊고 큰 바탕입니다. 이 바탕을 본래의 고요함, 청정함이라고 말합니다. 이 바탕을 나에게서 찾았을 때 이를 본적(本寂)이라고 합니다. 이것은 선악귀천 모든 것을 수용하고 뒷받침 합니다.

둘째, 우주 안의 모든 것을 과거 현재 미래에 빠짐없이 통하게 하는 빛이 있습니다. 아무리 작고 보잘것없는 것에도 이 지혜광명의 빛이 있어 다 알고, 보고, 통합니다. 이 광명에서 벗어난 물건은 하나도 없습니다. 이것을 나의 마음에서 찾았을 때 이를 본지(本智)라고 합니다.

셋째, 반야는 일만 가지 조화의 힘을 가지고 있습니다. 사시를 순환하게 하고, 풍운우로의 변화를 가져오고, 인간의 흥망성쇠를 가져오고, 벌을 받게 하고, 상을 주는 등 반야의 조화력은 이루 말할 수 없습니다. 이것을 인간의 마음에서 찾아 설명할 때 이를 본능(本能)이라 합니다.

부처님은 이와 같은 반야의 모든 것을 확실하게 깨달아서 자신의 인격 속에서 반야를 재현하고 재창조하신 것입니다. 앞에서 설명했듯이 청정법신불을 자연 그대로의 반야라고 한다면, 부처님은 이것을 깨달아서 똑같이 자신에게 실현시켰다고 하여 원만보신불(圓滿報身佛)이라 합니다. 그리고 이를 모든 중생에게 자비로 나타낸다고 하여 백억화신불(百億化身佛)이라 합니다. 이것을 아뇩다라삼먁삼보리라고 합니다. 예를 들어 우주에 전기가 가득하다고 합시다. 천둥번개도 전기현상이라고 합니다. 부처님은 이러한 우주의 전기 원리를 발견하신 분이라 할 수 있습니다. 이 원리 따라 인간은 발전소를 만들어 전기를 사용하게 되지요. 부처님은 반야실상의 진리를 교과서 삼아서 자신의 능력을 극대화 하신 분입니다.

그래서 부처님은 첫째, 반야의 본래 고요함을 자기화함으로써 언제나 고요하여, 모든 것으로부터 벗어날 수 있는 대해탈(大解脫)을 성취하신 분입니다. 보살들의 수양력은 자신의 영역 내에서 깨끗하며 욕심에 초탈하지만 영역 밖의 세계와는 단절하기 쉽습니다. 청탁이 함께 어울려 있으면서도 그것을 함께 쌓고 벗어나서 한량이 없이 초연할 수가 있는 것은 여래의 능력입니다.

둘째, 반야실상의 본래 지혜를 잘 사용하여 이 세상 모든 것을 온통 다 깨달아 대각의 지혜를 갖춘 분입니다. 보살의 밝음은 현생일 즉 자기 일에 대하여는 밝으며, 여래가 내놓은 경문에 대하여는 밝죠. 그러나 부처님의 밝음은 영생의 일, 영역 밖의 일, 경전을 창작하는 지혜까지 있는 것이 다릅니다.

셋째, 반야의 본래 능력, 조화를 받아 길러서 모든 중생을 어루만져주시고 세상을 이익되게 하는 대자대비의 크신 능력을 소유한 분입니다. 보살의 조화는 일부 인연 있는 사람에게만 또는 믿는 사람만 제도하는 조화의 능력이 있거나, 또는 그 방법도 한두 가지의 재능으로만 중생을 제도합니다. 하지만 부처님의 조화력은 어느 사람 어느 곳을 막론하고 갖가지 제도의 능력을 갖추고, 알게도 모르게도 하는 무위자연의 능력을 소유한 것입니다.

이렇게 대원정각을 하신 분이 석가모니 부처님, 공자님, 노자님,

예수님, 우리 원불교 소태산 대종사님입니다. 이외에도 이름 없이
살고 가신 대성자가 많이 계실 것입니다.

　중생은 아파서 죽고 부처도 아파서 죽나니
　그 둘 사이에 무엇이 그리도 다른가
　산은 유유히 흐르고 물은 서서 우나니
　그대는 아는가 같지도 다르지도 않은 소식을.

6

반야의 주문품

故知般若波羅蜜多
~波羅僧揭諦 菩提薩婆訶

제6장
반야의 주문품

故知般若波羅蜜多는 是大神呪며 是大明呪요
是無上呪며 是無等等呪라 能除一切苦하나니
眞實不虛로다 古說般若波羅蜜多呪하노니
卽設呪曰, 揭諦揭諦 波羅揭諦 波羅僧揭諦
菩提薩婆訶

　이 품은 반야의 진리로써 불국(佛國)인 낙원세계를 건설하기 위하여 간절히 수행함과 동시에, 신앙과 수행의 한 방법으로써 주문(呪文)을 주시면서, 지성으로 주문을 외워서 저 언덕에 이르는 서원을 뭉치도록 하고, 법력을 길러서 반야의 대공덕(大功德)을 이루도록 하신 법문입니다. 그러므로 아뇩다라삼먁삼보리 즉 대원정각을 이루기 위한 수행의 한 방법으로 이해해야 합니다.
　이러한 주문으로 인하여 밀교가 파생되었고, 불가사의한 종교적 신비성을 고양시킬 수 있었습니다.

주문의 의미

이 주문을 진언(眞言)이라고도 합니다. 이 주문은 능히 사기 잡귀 악귀를 물리칠 수 있고, 그것을 차단할 수가 있다고 하여 능차(能遮)라고 합니다. 지금의 행복, 부처님 가피하신 즐거움을 잘 지켜준다고 하여 능지(能持)라고도 합니다. 인간의 모든 부와 행복, 지혜를 다 지켜준다고 하여 총지(總持)라고 해석하기도 합니다. 이러한 주문을 지성으로 독송하면 위와 같은 공덕이 있다는 뜻이지요. 그런데 주문의 본의를 깊이 생각해보면 주문, 혹은 다라니(多羅尼)는 일종의 기도문 내용을 간추려 응축시켜놓은 것입니다. 기원문을 몇 마디로 뭉쳐놓은 것이 원불교의 영주(靈呪), 성주(聖呪)같은 것입니다. 아주 간략한 주문으로 염불주(念佛呪)가 있습니다. '나무아미타불' 여섯자에 불과한 이 주문의 내용은 '내 마음에 계시는 부처님께 돌아가 의지하겠습니다' 란 뜻입니다. 발원문을 한 두 마디로 모아놓은 것을 주문이라 하고, 비교적 긴 구절로 되어있는 것을 다라니(多羅尼)라고 합니다. 반야심경을 성취하도록 하는 '아제아제바라아제' 라는 주문은 반야심경을 깨닫게 하는 일종의 축약된 기도문이라고 생각할 수 있습니다.

마음속의 비서들

그동안 앞부분에서 설명한 것은 마음공부를 실생활에서 대조하며 반야에 의지해서 안이비설신의 육근을 작용하라는 내용입니다.

보통 범부중생은 욕심에 의지해서 육근을 작용합니다. 경계가 오면 누가 경계를 대접합니까? 욕심이 얼른 나와서 '어서 오십시오' 하고 맞이합니다. 사장실의 비서는 얼른 보아서 들어올 사람과 그렇지 않은 사람을 구별합니다. 우리 마음속에 비서가 있습니다. 이 비서의 권한이 대단히 큽니다.

연애하는 사람은 사랑하는 마음이 주가 되어 그 마음이 '어서 오십시오' 하고, 돈에 관심이 많은 사람은 돈에 대한 욕심이 '어서 오십시오' 라고 합니다. 진리에 대한 신심이 깊은 사람은 신심이 주가 되어 좋은 법문이 있다고 하면 비서가 얼른 가보자고 합니다. 부처를 이루려는 서원이 지극한 사람은 어느 곳 어느 때 어떤 일을 당할 때나 서원비서가 경계를 맞이하여 응대할 것입니다.

내 안의 비서가 욕심비서, 애욕비서, 취미비서인가를 잘 보아야 합니다. 여러분의 마음속에는 어떤 비서가 있습니까? 신심비서, 서원비서, 공부심비서가 아니면 비서를 바꾸어야 합니다. 그리고 이 비서를 마음대로 부릴 줄 알아야 합니다. 부처님은 이 비서를 마음대로 사용하나, 중생은 이 비서가 살림을 다 합니다. 바라밀을 실천해야겠다는 서원으로 마음을 뭉쳐야 언제나 죄악으로부터 벗어나 앞길이 열립니다. 주문을 많이 외우면 반야의 마음공부로 저 언덕을 가리라는 서원이 어려, 든든한 서원비서가 자리 잡을 것입니다.

경계에 따라 주문을

마음이 어수선해서 아무리 기도하고 입정하려고 해도 잘 안되는 경우가 있습니다. 이럴 땐 초벌빨래를 해야 되는데 주문을 많이 외우면 초벌빨래는 됩니다.

주문을 외우면 거친 번뇌가 없어집니다. 이 강의를 듣고 계시는 교도님들께서도 어렵고 거친 경계가 와서 마음이 경계에 사로잡히면 염불이나 주문을 지성으로 외워야 합니다.

그런데 경계에 따라 외우는 주문이 다를 수 있습니다. 죽음의 경계에 이른 분은 성주(聖呪)를 외워서 생사의 거친 파도를 넘어야 합니다. 주변의 사귀 잡귀 때문에 어수선하면 청정주(淸靜呪)를 외워야 합니다. 또 인생에 대한 행복과 지혜를 원할 때는 영주(靈呪)를 외우고, 마음이 산란하고 어수선할 때는 염불(念佛)을 하는 것이 효과적입니다. 이 반야에 대한 주문은 자신에게 갊아 있는 반야의 지혜를 회복하여 불지에 이르려고 할 때 외우면 좋습니다.

주문을 외우면 마음이 고요해집니다. 또한 불지를 향한 서원이 확립되고 주변이 정화됩니다. 또 주문은 부처님이나 수도인들과

인연을 돈독하게 맺게 하고, 나아가서는 마음을 마음대로 하는 경지에 이르도록 합니다. 이와 같이 주문은 크게 깨달음을 얻는 지름길이 될 수 있습니다.

주문은 특별한 시간을 정해놓고 아침저녁으로 길게 할 수도 있고, 기도 전후에 할 수도 있고, 시간이 허락하는 대로 잠깐 할 수도 있습니다. 몹시 바쁠 때는 반야심경의 앞글은 생략하고 '아제아제 바라아제 바라승아제' 만 따로 외울 수도 있습니다.

주문은 소리 내어 할 수도 있고 소리 없이 속으로 외울 수도 있습니다. 즉 외출중 차 속에서도 외울 수 있는 것입니다. 이렇게 지성으로 주문을 외운다면 처음에는 경계에 끌리어 다른 마음이 날지라도 차츰 주문 한 소리에 집중되고, 나아가 주문과 내가 하나 되어 주문 삼매에 빠져들기도 합니다. 이와 같이 반야심경을 글로만 이해하는 것보다 주문 한 구절이라도 지성으로만 하면 그 공덕이 더 클 것입니다.

故知般若波羅蜜多 是大神呪 是大明呪
是無上呪 是無等等呪

1. 그러므로 알라. 반야바라밀다(般若波羅蜜多)를 성취(成
就)하려는 주문은 참으로 크게 신비한 주문이며 크게
밝은 주문이며 더 이상 위가 없는 주문이며 비교할 수
없는 주문인 것이니.

2. 그러므로 알지어다. 반야바라밀다를 성취하도록 하는
주문을 일심으로 외운다면 그 공덕이 한량이 없을 것이
다. 이 주문을 외운 공덕은 크게 밝은 것이며, 이 주문을
외운 공덕은 크게 신비한 것이며, 이 주문을 외운 공덕
은 위가 없는 높음을 이룰 것이며, 이 주문을 외운 공덕
은 무엇과도 견줄 수 없는 크나 큰 공덕을 이룰 것이니.

주문으로 반야에 이르자

반야심경 법문을 하시기 이전에도 반야를 실천하는 주문이 있었
지 않았나 하는 생각을 합니다. 당시 인도 사회는 주문이 많았습니
다. 물론 우리나라에도 주문이 많았습니다. 당시 반야의 실천내용
을 담은 성불제중을 주 내용으로 하는 주문이 있었다는 생각이 듭
니다.

이 구절은 부처님께서 제자인 사리자에게 반야바라밀다 실천을 계속하도록 하려는 주문을 내려주시면서 반야바라밀다에 이르는, 앞으로 말하려는 이 반야바라밀다 주문을 외우면 이러이러한 공덕이 있다고 설명한 내용입니다.

시대신주(是大神呪)는 '크게 신비한 주문이다. 불가사의한 힘이 있다. 위력을 가진 주문이다' 란 의미입니다.

부처님께서 주문을 내시고는 이 주문을 외우는 사람이 힘을 얻고 소원을 성취하기를 계속 빌어 주십니다. 그래서 주문을 외우는 사람이 힘을 얻을 수 있습니다. 소설가는 소설을 지은후, 독자들이 이 책을 읽고 좋아하기를 염원합니다. 부처님께서도 이 주문을 내놓고 마는 것이 아니라, 이 주문을 외우는 사람이 법력을 얻고 성불하기를 기원하면서 주문 속에 법력을 많이 묻어 놓는 것입니다.

수도를 방해하는 귀신 등, 많은 귀신들이 이 우주, 우리들의 주변에 있습니다. 반야의 주문을 많이 외우면 내 마음의 잡념이 잠 잘 뿐만 아니라 이러한 잡귀들이 물러가서 평화안락해지는 위력을 얻을 수 있습니다. 일심으로 사무치게 주문을 외워 주문과 내가 하나가 되어 힘을 얻으면 마음을 마음대로 할 수 있습니다. 이러한 사람이 원력을 세우면 반드시 성취하는 위력이 있습니다.

시대명주(是大明呪)는 '크게 밝은 주문' 이라는 뜻으로 이 주문을 외우면 지혜로워진다는 의미가 내포되어 있습니다. 반야심경을 많이 외워야 합니다. 여의치 못하면 주문만이라도 지성으로 외우면 마음이 정화되고 열려 밝은 지혜가 나타납니다.

어리석은 중생은 욕심과 번뇌망상의 먹구름이 그들의 본성을 가리고 있기 때문입니다. 이 주문을 지성으로 외우면 그 먹구름이 엷어지고 나중에는 다 없어져 밝은 지혜광명이 나타납니다. 그러므로 지혜롭게 하는 밝은 주문인 것입니다.

비행기를 타고 갈 때 흐린 날씨일지라도 구름을 뚫고 더 올라가면 맑고 밝은 하늘과 태양을 만날 수 있습니다. 마찬가지로 우리 인간도 오욕의 흑운을 벗어나면 바로 그 때 부처님과 같은 눈부신 지혜가 샘솟습니다.

시무상주(是無上呪)는 '더 위가 없다. 이 주문외에 더 높은 주문이 없다' 는 뜻 입니다. 주문은 귀신을 쫓는 내용, 부르는 내용 등 내용에 따라 여러 가지가 있습니다. 진리를 자기 것으로 하려는 서원인 반야바라밀다 주문은 모든 주문 중에 가장 높은 주문이며 모든 것을 포괄하는 것이기 때문에 더 이상의 문이 있을 수 없는 주문이라는 뜻입니다.

시무등등주(是無等等呪)는 '이 주문과 견줄만한 주문이 없다' 는 뜻입니다. 일등 이등의 차이가 없고 최상등이라는 뜻입니다. 주문 중에는 귀신을 부르거나 쫓고, 병을 낫게 해 주는 주문 등이 있으나, 이 주문은 진리를 성취하는 주문입니다. 즉 반야의 진리를 자신의 인격화하고자 하는 주문입니다. 그러기에 견줄만한 주문이 없이 제일 높은 주문입니다.

能除一切苦 眞實不虛 故說般若波羅蜜多呪 卽說呪曰
揭諦揭諦 波羅揭諦 波羅僧揭諦 菩提薩婆訶.

1. 이 주문을 많이 외우면 갖가지 고통을 능히 제거할 수
있으며, 이 주문의 공덕은 진실하여 헛된 말이 아니니
라. 그러므로 반야바라밀다를 이루는 주문을 말하나니
라. 곧 주문을 가르쳐 주셨다.

2. 내가 말한 반야바라밀다를 이루는 주문을 정성으로 외
우면 너희들이 일체고통으로부터 벗어나게 될 것이니,
이 주문의 공덕은 진실하여 헛되지 않을 것이로다. 그러
므로 반야바라밀다에 대한 주문을 말할 것이로다. 곧 주
문을 내려 주셨다.

모든 고통을 없애주고

능히 이 주문은 일체 마음의 고통과 순역의 모든 경계를 송두리째
청소해주는 힘을 가진 주문입니다. 밖으로부터의 액을 면하게 하
고, 사기악기를 제거하고, 내심의 고통을 가라앉히는 주문입니다.
정말로 어렵고 곤란할 때 이 주문을 많이 외우면 액을 면하게 되

고 사기악기가 제거됩니다. 오래된 집에 귀신이 있을 수 있으나 주문을 외우고 정법을 수호하면 귀신들이 무서워서 덤비지를 못합니다. 또 귀신들이 정법에 귀의할 수도 있습니다. 주문을 열심히 외우는 사람은 전생의 원수가 아닌 경우에는 함부로 범접하지 못합니다.

그래서 이 주문을 외우면 능히 고를 면할 수 있는 것입니다.

진실불허는 앞에서 말한 모든 것, 즉 신통한 주문, 밝은 주문, 위가 없는 주문, 액을 면하는 주문이라 한 것은 정말로 거짓이 하나도 없다는 뜻이며 꼭 이렇게 해야 한다는 뜻도 있습니다.

부처님의 삶은 기도의 삶

'고설반야바라밀다주' 란 그래서 이 반야바라밀다주를 내놓는다고 하신 것입니다. 부처님의 삶은 기도의 삶입니다. 부처님은 중생을 위하여 늘 기도하십니다. 중생들이 고해를 벗어나 안심극락을 얻도록, 나아가 그들이 부처가 되도록 기도하십니다.

부모가 자식을 위하여 늘 걱정하고 염려하듯이 부처님도 모든 중생을 위하여 기도하는 것을 행복으로 여기십니다. 이 주문도 중생으로 하여금 부처가 되기를 염원하는 부처님의 기원문이며 발원문입니다.

부처님의 이러한 발원을 짧게 응축하여 놓은 것이 이 주문입니다. 이 주문을 많이 독송하면 스스로 마음이 일심으로 뭉쳐지고 잡념이 정화되어 청정하여지고 지혜로워집니다. 또한 밖으로 불보살들과 기운이 통하게 되어 이 주문을 듣는 주변의 모든 중생들도 영향을 받아 불연을 맺기도 합니다. 아울러 잡귀들도 불법에 귀의하게 될 것입니다. 이와 같이 주문이 반야의 불법을 성취하는 중요한 방법이라는 것을 염두에 두고 독송하시기 바랍니다. 주문의 글귀는 해석하지 않고 무조건 외우도록 가르쳐 왔습니다. 옛적에는 글을 잘 모르는 시대였기 때문에 일반 신도들에게는 지성으로 외우도록 가르칠 수 있었습니다. 지금도 무조건 독송하도록 하는 것도 좋겠습니다. 그러나 지금 시대는 문자가 발달하고 밝은 시대이기 때문에 주문의 내용을 정확하게 파악하고 지성으로 독송한다면 더욱 효과가 있을 수가 있어서 참고 삼아서 해석하였습니다.

揭諦揭諦	가세 가세
波羅揭諦	저 언덕으로 가세
波羅僧揭諦	저 언덕으로 함께 가세
菩提薩婆訶	깨달음을 누리세.

가세 가세 어서나 가세
피안의 우리 님 반기는 곳으로
너도 가고 나도 가고 우리 함께 가세
복락 가득 지혜 가득 불지촌으로 가세.